礼仪金说
LIYIJINSHUO

职场礼仪

金正昆 著

北京联合出版公司
Beijing United Publishing Co.,Ltd.

目　录

绪 论

礼仪就在你身边

各位好，我非常高兴地来和各位探讨有关交际礼仪的一些具体问题。

首先，我想明确一下什么是礼仪。"礼"这个字的意思是什么呢？它是一种道德规范：尊重。孔子说过："礼者，敬人也。"在人际交往中，既要尊重别人，更要尊重自己，此即礼者敬人。但是你只是口头说说尊重没有用。别人怎么知道你心里想什么？这就要求你善于表达，它需要一定的表达形式。你得会说话，你得有眼色，你得懂得待人接物之道。因此，在人际交往中我们不仅要有"礼"，而且还要有"仪"。

"仪"，就是恰到好处地向别人表示尊重的具体形式。下面，我来举一个简单的例子。我来讲课，主持人会介绍说"请金老师上场"。因为这儿是一个礼仪讲堂，金教授我就是老师，我在给台下的听众讲课。当然我们应该谈谈交往艺术的游戏规则。倘若你是外人，到人民大学也好，到北京大学也好，如果你不是我的学生，你也不是我的同事，游戏规则的一般要求则是：你不能叫我金老师，而要叫我金教授。为什么？在人际交往中，你要尊重交往对象，就要使用尊称，而使用尊称的一般性技巧是就高不就低。谁叫我金老师呢？

主持人可以叫我金老师，我听说在座的有中学生、大学生，你们也可以叫我金老师，因为我的职业就是老师嘛。但是，如果是对外交往或跨行业、跨地区交往的话，你最好别叫我金老师，而是要叫我金教授。当然，我也见过不在行的人：

一天，有位同志对我说："我也想叫你教授，但是我不知道你评上没有。"我笑了，我告诉对方："你不太懂得游戏规则。到什么山上唱什么歌，你对别人尊重，你跟别人打交道，假如你没有使用必要的尊称，就会失敬于对方。"

我们再举一个简单的例子：逢年过节，家里会来客人。过春节的时候，过元旦的时候，有时候家里来的客人彼此之间是不认识的。作为主人，你要有基本的礼貌，你要为客人进行相互介绍。根据现代礼仪的游戏规则，谁是介绍人呢？女主人。我到你家串门去，我碰到老王、老李，我不认识他们。比如，我是你的朋友，你是男士，丈夫，那么你老婆的朋友也来了，我们彼此之间不认识，谁是介绍人？女主人。要介绍一下这是"人民大学金教授"，那是"化工学院王老师"，替我们彼此作一个介绍。你若不介绍，有时候就会失礼。

有一天，我到一个地方去，大家彼此之间就说起孩子来了。关心下一代，家长之天性也。一位女同志跟我年龄差不多，四五十岁，她说：“我的孩子要报考大学了，不知道报什么专业好？”

旁边有一位同志知道我在学校工作，就把话题往我这儿引，问她家里是男孩还是女孩。

答：“是女孩。”

这个同志就说：“女孩还是报师范好，现在当大学老师，又体面，又有稳定的收入，而且将来还可以教育好自己的孩子。最重要的是有寒暑假，这对女人比较好。”

那位女同志马上说：“我们家孩子才不想当老师呢！当教授有什么意思，‘教授教授，越教越瘦’。”她当时还说了一些其他比较难听的话。

过了一会儿，她问我：“你在什么地方高就？”

我说：“我就是越教越瘦的那种人。”

为什么会出现这种情况？因为这家的女主人忘了作介绍了，其实她要先跟我们彼此说说话，介绍一下张三和李四，那就不至于失礼了。因此，礼和仪在现实生活里往往不可或缺。

———————————— ❧ ————————————

实际上，你善待自己也好，善待别人也好；你尊重自己也好，尊重别人也好，都既要有礼，又要有仪，礼就是尊重，仪就是表达。也就是说，既要坚持尊重为本，又要掌握必要的表达方式。没有礼，是没有仪的！

比如，我给各位出一个小问题，大家可以扪心自问，倘若遇到这个问题怎么办：打电话时谁先挂？我们在比较正式的场合和别人通电话，你也别管是座机还是手机，请问打电话时谁先挂？

这个问题，其实就是礼和仪的问题。我遇到的同志经常犯以下两个常识性的错误：

第一个常识性错误是谁先打谁先挂，即误认为主叫方应当先挂断电话。

第二个常识性错误是什么呢？等着对方挂！这个说法根本没有操作性。你想想：我人民大学规定打电话对方挂，你清华大学也规定打电话对方挂，人大和清华两家通话时将出现何种状态？两边都不挂，死扛，大说其废话。那么，到底应该谁先挂呢？

交际礼仪有其游戏规则：地位高者先挂。

我在单位里上班，不管我的上司是男士还是女士，是年龄大还是年龄小，是我的学生还是我的同事，在职业道德中，尊重上级是一种天职，所以游戏规则是：上司先挂电话。我是一名北京市教委的工作人员，我和国家教育部通话，我不用考虑教育部的那个人是部长还是科员，因为他代表上级机关，所以上级机关的人先挂。现在我们国家和政府强调立党为公、执政为民，那么群众给我们的公务员打电话，不讨论，群众先挂。现在在商务交往中讲客户是上帝，不讨论，服务行业及其企事业单位和客户通话时，客户先挂。我经常跟别人开玩笑说："金老师我怕老婆，一般和老婆打电话都是老婆先挂，否则怎么能够证明她是我家老大。"地位高者先挂！我讲授礼仪时喜欢强调：你要尊重别人，你就得以适当的方式表现出来，否则你说什么叫尊重，没有形式就没有其内容。

———— ✦ ————

如果要让我来具体地解释礼仪，我喜欢从以下三个角度来讲。

第一个角度，礼仪是人际交往的艺术。现代社会生产力发达，人们的交际圈扩大，现代交通和通信技术使我们可以"坐地日行八万里，巡天遥看一千河"。我们交际圈子扩大以后，拿自己跟自己村里人打交道的游戏规则去对付外人，可能就没有用。比如，国家人事部颁布的《国家公务员行为规范》，第八条最后一句话是四个字——讲普通话。为什么要求公务员讲普通话？因为普通话是国家法律规定所要推广的，讲普通话有助于全国人民之间的有效沟通。你讲方言土语，有人会听不懂。

我上大学的时候，七八个同学住一间宿舍。开学头一天，七个人准时报到，第八个同学是从四川来的，来晚了。那时候也没有什么夜班车、早班车。好不容易我们睡着了，大概凌晨两三点，这位四川兄弟进来了。他好不容易找到自己的宿舍，进门，开灯，灯不亮，学校怕我们淘气，拉闸了。他自己就嘟囔，讲的是四川话："老子床在哪里？老子床在哪里？"他乱摸，把我们摸醒了，还当我们老子，我们当然很不高兴，我们在黑暗中窥视他，不吭气。

他后来急了："龟儿子，你们说话呀！"结果"龟儿子"们就联合起来把"老子"给打了一顿。我们那时挺淘，也不是真打他，反正挺不高兴，就骂骂咧咧地给了他几下。很久之后才知道他有点冤，因为四川话里什么"老子"、"龟儿子"，跟北京话里哥们儿、兄弟姐妹什么的差不多，并没有什么装你长辈的意思，也没有把你当晚辈贬低或讽刺的意思。

这实际上就是没有有效沟通的结果。现代人交际圈大了，有时候不讲交往艺术就会自找麻烦。

再来问你一个问题：倘若你们想向金教授要张名片，怎样索取比较方便？

有一天，我在一个地方散步，一个同志过来说："金教授好，

你有片子吗？"他倒挺直奔主题的。但说实话，他是不是有点糙？现代人要讲教养。不讲教养的人，在交际中往往会四处碰壁。

金教授喜欢讲一句话：教养体现于细节，细节展示素质，细节决定成败。

人与人之间打交道，有的时候细节之处如果不注意，往往就会自找麻烦。

一天，我到一所大学去，有位领导跟我说：一名博士生被推荐到一个国家机关去面试，他考试成绩优秀当然没得说，公务员考试也通过了。去面试时，最后一圈了，那个机关的领导要见他，他却晚到十分钟。没有别的原因，就是因为晚到十分钟，于是那个机关就不要他了。

这里面存在着一个个人修养的问题。教养其实体现于每一个人做人做事的具体细节之中。细节展示素质，细节决定成败。如果不注意细节，有时真的很麻烦。

回过头来再说，在人际交往中，索取名片省事的办法是有的。一般来讲，以下四个办法比较常用。

第一个办法，是交易法。它的具体方法，就是先把自己的名片递给对方。所谓将欲取之，必先予之，来而不往非礼也。想要索取金教授的名片最省事的办法，就是先把自己的名片递给金教授。不管金教授愿意不愿意，我得回你一张，我不至于告诉你"收到"。

我在舞会上碰到一个女生，我是一个男生，我想认识她，我总不至于傻乎乎地上去问："同学，你叫什么名字？""这位女士，你怎么称呼？"你这样问太笨！你要聪明的话，你那时可以先作自我介绍。比如，坐飞机我们俩坐一块儿了，"这位女士，认识您很高兴，我是人民大学的老师，我叫金正昆。"我先自我介绍一下，你就得回应我一下。你不会只说"嗯"。来而不往非礼也，这是基本的游戏规则。

第二个办法，是明示法。明示法，就是明着说明自己的本意："金教授，认识您很高兴，能换一下名片吗？"在一些场合，此种直截了当的表达方法，往往也行之有效。

第三个办法，是谦恭法。倘若这个人地位比较高，身份比较高，你可以给他先作一个铺垫："金教授，听你刚才这个讲座很受启发。我本人呢，也深感自己在交往艺术方面有待提高，跟你相见恨晚。现在知道你很累了，不便打扰你，你看以后有没有机会继续向你请教？""以后有没有机会继续向你请教"这句话，实际上就是暗示"老金，能不能把电话号码留下来"，就等于问我要名片。我想给你就给你，我不给你你也有面子。此种方法，即谦恭法。

第四个办法，是联络法。比如，金教授我今年46岁了，对面坐一个女中学生也就是16岁。我想要她的名片，总不至于说"以后如何向你请教"吧？那样她什么感觉，碰上坏人了。说实话，太夸张了。我要跟一个晚辈或者跟一个平辈要他的名片，我可以说："认识你很高兴，希望以后能够与你保持联络，希望今后还能与你再见，不知道怎么跟你联系比较方便？""不知道怎么跟你联系比较方便"这句话的言下之意，就是要你的名片。你要愿意给我，我谢谢。不愿意给我，咱俩都不伤面子。如果你不想给我，其实很容易，你可以这样讲："金教授，以后还是我跟你联系吧。"其言下之意是："我以后就不跟你联系了。"这是一条很巧妙的退路。这种方法，即联络法。

第二个角度，礼仪是有效的沟通技巧。"闻道有先后，术业有专攻"。人和人打交道，沟通是比较困难的一条。有时候你如果不注意沟通，就会问题不断。比如，我举个简单例子：你说别人穿衣服，谁愿意穿的衣服让别人觉得自己没有品位？！待人接物，谁愿意让人说自己糊涂、傻？没有吧？我深信我国人民不管是城市的还是乡村的，不管是企业家、知识分子还是农民、工人，都有学习礼仪、运用礼仪的愿望，因为没有人愿意让别人觉得自己没有教养，没有人打算让自己丢人现眼，更没有人愿意伤害别人。有的人之所以弄巧成拙，主要在于他不懂礼仪。不知礼怎么去讲礼，不知礼就没办法去讲。虽说"沟通无极限"，但是沟通往往存在着困难。正确地运用礼仪，方可有效地进行人际沟通。

比如，我举一个简单的例子，现在的高楼、大厦，宾馆、酒店一般都采用无人驾驶电梯，假如你是主人，当你陪同多位客人出入这种电梯时，请问出入电梯的标准顺序如何？主人和客人应该怎么走，主人是先进先出，还是后进后出？

陪同客人出入电梯，假如是无人驾驶的升降式电梯，标准做法是什么呢？陪同人员需要先入，后出。为什么？有以下两个原因：

第一个原因，安全。你把门一打开，就把客人让进去，你能够保证电梯底板同时到位吗？万一它不上来呢？万一里面有坏人呢？

引导不就是带路嘛，是故引导者一定要走在前面。你在前面带路时，你往往需要提醒被陪同者此处有楼梯、有台阶，那个地方比较暗，请他留意，所以引导者必须走在前面。

第二个原因，方便。下次您坐电梯时，请您注意：电梯门口那个钮，我们把它叫做升降钮。一按它，电梯就来了。但是，它一般有设定的程序，大概几十秒钟就自动关门走了。我经常遇到这种事——客人还没上完，陪同人员着急了，拿胳膊跟电梯门搏斗，或者用脚挡在那里，还有的同志大喊"快来"。此举非常非常有损个人形象。如果陪同人员先进入电梯按住有开门标志的按钮，就不会出现这样的尴尬。电梯到达目标楼层，再次按住开门按钮，等客人陆续下完再出电梯。如此即方便了客人进出，也显得待客周到。

穿衣服时，谁愿意不讲规则与品位呢？没有吧？但是你要不懂有关的规则就很可能贻笑大方。比如，夏天的时候有人穿露脚趾、露脚跟的凉鞋，很多女孩子穿。但是依据"礼"，这种露脚趾和露脚跟的凉鞋适穿的场合则是有要求的。在非常重要的场合，上班的时候，特别是穿制服的时候，穿露趾和露跟的凉鞋是不得体的。当然倒过来说，如果你要休闲度假到海滨去，到海南、到泰国去旅游，那就另当别论。在那种地方，你要穿着高跟鞋或套装反而不伦不类，它其实有一个适用场合的问题。

再举一个例子，在非正式场合穿露趾凉鞋是可以的，但是穿露趾凉鞋还有一条游戏规则：不能穿袜子。穿露脚趾凉鞋就是要透气啊，你要再穿一双袜子则叫煞有介事，等于告诉别人"自己的腿上有情况"，比如，汗毛粗重、毛孔粗大、胎斑色痣，害怕被别人发现。所以你穿露趾凉鞋时煞有介事地穿上一双袜子，自己觉得挺正规，看在行家的眼里却是稍逊一筹。这里我讲的是沟通技巧。礼仪就是一种沟通技巧。

又如，男人穿西装亦有它的游戏规则。请问：男同志穿西装的最高水准的要求是什么？

我在此要介绍的是三色原则。穿套装也好，穿套裙也好，穿制服也好，基本的游戏规则是：全身颜色皆应被控制在三种之内。包括上衣，包括下衣，包括衬衫，包括领带，包括鞋袜在内。比如我穿西装套装，套装是一个颜色，深色的；鞋袜是一个颜色，黑色的；衬衫是一个颜色，白色的；这就三色了。那么领带呢，领带只有一种选择，领带的颜色和西装是一个颜色为佳。当然，喜庆场合，比如，国庆或参加少数民族节日，喜庆一点，我可以打紫红色领带，那是比较特殊的情况。在一般情况下，三色原则是着装最基本的游戏规则。我有一个习惯，一个人要穿着西装，打着领带向我走来时，我通常不太在乎他自报家门，而是喜欢把他身上的颜色数一数。我的经验是：在他的身上，三种颜色一般是懂规矩的，四种颜色一般是不太懂规矩的，五种颜色以上肯定是不懂规矩的。

再如，一个男人穿西装外出的话，尤其在国际交往中，我们一般要求其遵守三一律。什么叫三一律？就是你穿西装的时候，身上有三个地方应该是同一种颜色，哪三个地方？鞋子、腰带、公文包！它们三者应该是一种颜色，而且应当首选黑色。当然，我讲的是很正规的场合。内行看门道，讲究的男人出来的话，他的鞋子、腰带、公文包肯定是一个颜色，而且首选黑色。不过我也见过不在行的。

那天，我在机场见到一个老兄。他脚穿白皮鞋，腰系红腰带，手拿咖啡色手袋。当他看见我后，马上就过来了。没办法，我边上还有很多外国朋友呢，怎么也是咱们自己人，我想替他圆场，就问他："你今天为什么穿得这么花呀？"没曾想他告诉我："那还用说吗，哥们儿今年是本命年。"

此刻他跟我用的不是同一个标准，于是他与我的沟通出现了障碍。

第三个角度，礼仪是约定俗成的行为规范。现代人是讲规范的，规范就是标准。礼仪，其实就是待人接物时约定俗成的标准化做法。前面我们讲到了"教养体现于细节，细节展示素质"，其实规范就是展示于细节的。在任何情况下，规范的问题你要不注意，那就会比较麻烦。我们强调：礼仪不仅是交往艺术，是沟通技巧，而且也是行为规范！

当然，现代礼仪是划分得很具体的，不同的领域，不同的对象，都有不同的讲究。一般而论，现代礼仪可以分成以下五大板块。

其一，政务礼仪。它是国家机关工作人员、国家公务员在执行国家公务、为人民服务时所讲究的礼仪。

其二，商务礼仪。它是企业的从业人员在商务交往中所讲究的礼仪。

其三，服务礼仪。它是服务行业从业人员——酒店、餐厅、旅行社、银行、保险公司、医院等单位的从业人员，在其工作中所讲的礼仪。

其四，社交礼仪。它是人们在工作之余的公众场合，在其迎来送往、私人交往中所讲的礼仪。

其五，国际礼仪。它是我们中国人和外国人打交道时所要讲究的礼仪。

之所以要把政务礼仪、商务礼仪、服务礼仪、社交礼仪和国际礼仪分类介绍，主要是想说明什么呢？想要说明的是：它们有不同的适用对象，你不可能以不变应万变。我们举一个例子，中国人吃饭有一个习惯：给别人夹菜。一般的社交场合我们经常受到这种厚待，长辈要给晚辈夹个菜，主人要给客人夹菜，以示那种谦让和友善。恐怕各位都曾经受到过这种待遇，比如爹妈和老

15

前辈给我们夹一筷子菜，礼让给你。但国际礼仪是绝不允许此举的。国际礼仪讲究的是：让菜不夹菜。为什么？道理很简单。换成另外一个角度，你又不知道我是谁，你又不知道我爱吃什么，你凭什么给我夹菜。不是讲尊重吗？尊重别人，就是要尊重别人的选择。你给我夹的那筷子菜，万一我不愿意吃呢？

有一次，我就非常倒霉。我肠胃不太好，不爱吃比较寒的东西。那天被一个同志请吃大闸蟹，他一会儿给我来一只，夹过来我就得吃。然后再给我夹一只，我又吃了。他连着让我吃了三只，我被他弄得连续一个星期胃痛。

他给你夹了菜，你没办法不吃。这还算好的，还有更差劲的。有人拿自己的筷子给你夹，还把筷子先在嘴里"处理"一下，等于给你派送一口唾沫，你说恶心不恶心？！不同的地方，是有不同的讲究的。如果彼此是熟人、自己人，就不讲这个。比如两个青年男女在谈恋爱呢，人约黄昏后，两人在属于自己的二人世界里一块儿说悄悄话，吃悄悄饭去了。那

女孩子夹了一筷子菜，含情脉脉，给男朋友递过来了。可以想象那位帅哥当时会是什么感觉，他恐怕恨不得把筷子都吃了！此刻，他绝对不会要求对方出示健康证书之类的，那是没道理的。所以这里就要加以说明，礼仪它有自己特定的适用范围、适用对象，你不能弄错了。

究竟什么时候需要我们讲究礼仪呢？大体上在以下三种情况下要讲究礼仪。

第一，初次交往。第一次打交道时，你要给人留下好的印象。你初次跟别人打交道，他不知道你姓甚名谁。比如，我现在跟各位在一块儿交往，我们假定要在这儿交往十天、八天，您知道我是一位礼仪专家，是一位大学教授，有的时候我随便点，这叫不见外。又如，你是我家孩子，或者是我晚辈，我给你夹一筷子菜，那我是看得起你，这个你挺高兴的。但我们彼此如果是不认识呢？不认识的话，上来给你夹菜，是不是有点不合适？所以初次交往要讲礼仪。

第二，因公交往。两国交兵各为其主。公事公办，有助于拉开距离。跟外单位、外行业的人打交道，即便是熟人也要讲礼仪，那样做有助于更好地进行公务交往。在因公交往之中，不能不讲究礼仪。

第三，涉外交往。"十里不同风，百里不同俗"。和外国客人打交道，有的时候你要不讲国际礼仪那就麻烦了。比如，北京的市花是月季和菊这两种花。逢年过节，尤其国庆前后都要用菊花装点国庆的北京。京城那时到处是菊花。但是有国际交往经验的人都知道，不少外国客人是比较忌讳菊花的，尤其是西方客人。在西方文化中，菊花往往是死人专用的。他们把它叫做妖花，叫葬礼之花。如果来了外国客人，你给他送了一盆菊花，那就等于是为他送葬。在西方，菊花往往在墓地摆放。你给他送一盆菊花，或放他家里去了，那怎么行？！所以，在涉外交往中，我们一定要讲国际礼仪。国际礼仪，其实就是人们在国际社会中所必须恪守的有关交际往来的"交通规则"。

———————⚜———————

那么，我们为什么要学习礼仪、运用礼仪？

学习礼仪、运用礼仪，简而言之，通常具有以下三大作用：

第一个作用，内强素质。作为现代人，你跟别人打交道也好，你要做好本职工作也好，恰到好处地展示自己的素质都是非常重要的。教养体现于细节，细节展示素质。言谈、话语、举止行为，其实都是个人的素养问题。荀子曾说："礼者，养也"，就是此意。比如，个别国人，在国际交往中和正式场合往往不修边幅，那么有的时候就影响形象。有的同志在你对面一坐，习惯性地顺手把裤腿往上一拉，露出一条"飞毛腿"，这个顶多说明他发育正常。还有同志按着鼻孔，一下就把鼻涕之类发射出去了。我还见过最高境界，他不发射，自己消化，他一下就把那个东西咽下去了。这样的人并不多，但是说实话，如果你要遇到其中的一位，您说他的个人素质如何？

在国际交往中，上述那样的同志往往会影响国家形象，影响民族形象，也影响我们的地方形象。因为任何一个中国人到外国去了，在公众场合擤了一下鼻子，别人可能就说那是中国人擤鼻涕，说那是北京人擤鼻子，甚至说那是某单位、某部门的人擤鼻子！总之，我们的个人形象其实代表着组织形象，我们的个人形象代表着国家形象、产品形象和服务形象。

第二个作用，外塑形象。在国际交往中也好，在国内交往中也好，员工的个人形象，就是代表组织形象，就是代表产品和服务形象。有鉴于此，我们一定要时刻维护好自身形象。

那天，我问一位男同志："你为何不照照镜子？"

他问："我照镜子干什么？"

我说："请你用它去照一照鼻孔，检查一下自己的鼻毛吧。它已超出你的鼻孔之外。走近之后，我们都会发现你的鼻毛正在鼻孔之外随风飘摇。"

它实际上是一个个人形象问题。在国内交往与国际交往中，个人形象都是比较重要的。

第三个作用，增进交往。现代人都有这样的欲望：要多交朋友，广结善缘。一个人不管你愿意不愿意，你必然要跟别人打交道。古希腊哲人亚里士多德曾说："一个人若不和别人打交道，他不是一个神，就是一只兽。"革命导师马克思则强调过："人是各种社会关系的总和。"一个人不论做任何事情，做农民也好，做工人也好，做企业家也好，做官员也好，做学者也好，做学生也好，你肯定都要和别人交往。既然要跟别人交往，你就要掌握交往的艺术，所以学习礼仪有助于我们的人际交往。说话时你得会说，什么话能说，什么话不能说，它有游戏规则。对此，我们要了解，更要遵守。

总而言之，上面所提到的学习礼仪、运用礼仪的三大作用就是：内强素质，外塑形象，增进交往。我可以把它概括为一句话：使问题最小化。它的具体含义是：学习并运用礼仪，能使你少出问题，或不出问题。说白了，就是可以令我们少丢人，少得罪人。从这个意义上说，就是使问题最小化。它实际上也是效益最大化。打个比方，我们搞外事工作，能为国民生产总值直接作什么贡献吗？能够多炼钢，多种粮吗？不可能的。但是，外事工作做好了，不出问题，就会有助于树立中国国际形象，有助于提升中国国际地位。从这个意义上讲，我们的外事工作不出问题就是对国家、对民族最大的贡献。因此，有助于使人际交往的问题最小化，是学习礼仪的基本作用。

下边，我再来简单介绍一下，交际礼仪有哪些基本内容。从总体上讲，它包括以下两大内容。

内容之一，叫做形象设计。形象设计，其实就是一个人的穿着打扮、言谈话语、举止行为。比如说，你是一个有教养的人，你和外人打交道时，不能够随便去置疑别人、训斥别人、诽谤别人，这就是教养，这是你的形象。另外，对穿着打扮你要具有基本的常识。那天，我对一个女孩子讲：戴首饰一般不能乱戴。戴贵金属首饰、戴珠宝首饰时，都要讲究以少为佳，协调为美。你戴八只戒指，你戴三串手镯、手链，胳膊一晃，跟呼啦圈似的，好看吗？实际上，你若有经验的话，会知道协调比较好看，少而精比较好看。比如，现在我要戴一枚黄金的胸针，那么我的戒指和项链最好就戴黄金的。现在流行戴白金戒指，我要戴项链，我就得同时戴白金项链。礼仪上的游戏规则把它叫做同质同色。其具体含义是：同时佩戴多种或多件首饰时，它们的具体质地、色彩都要相同。

有一次我去参加一个宴会，对面的一个女孩把我看晕了。她戴了四枚戒指：一枚是绿色的，翡翠的；一枚玳瑁的，黑色的；一枚玛瑙的，咖啡色的；一枚玫瑰金的，彩色的。由于穿着高领衫，她戴的项链看不见。耳环则有两组：一紫一蓝。人家很大方地问我："好看吗？"

我问："你想听真话还是假话？"

她问："啥意思？"

我说:"那就跟你简单说吧,反正你戴的首饰都是好东西。"

她又问:"什么意思吗?"

我说:"把它们放一块不好看。"

她问:"为什么呀?"

我说:"它们远看像一棵圣诞树,近看像一座杂货铺。你戴的饰物质杂色乱,彼此之间串了味了。"

这里所要说的,其实是形象设计的问题。

内容之二,叫做沟通技巧。你跟任何人打交道,其实都是一种沟通。沟通之事,往往难乎其难。举个例子,说话。你跟别人说话,你得知道什么该说,什么不该说。不该说的就不能说,该说就要说。国际交往也好,社交场合也好,个人隐私的问题就最好不要去说。不问收入、不问年龄,这些是最基本的忌谈问题。遗憾的是,有的人就是不注意此点。

那天,一位同志问我:"金教授,您一个月能挣多少钱?"

我跟他开玩笑,我说:"挣的跟别的教授差不多。"

我的所答非所问,就是不想跟他就此进行深入探讨。

没想到他很认真地追问:"那别的教授一般挣多少?"

我说:"国家给多少,就是多少。"

他又再接再厉地打探:"国家到底给你们多少?"

他其实是在有效沟通的环节上出了问题，他不了解有关的沟通技巧。

———————————❧———————————

最后，我想来与大家探讨一下礼仪应该如何操作。毛泽东同志说过："学习的目的，全在于应用。"学习礼仪，当然也不例外。学习礼仪，自然而然是为了学以致用。

交际礼仪有着下列三个具体的特点：

第一个特点，规范性。它强调标准化操作礼仪，要求人们在交往中不可肆意妄为。

第二个特点，对象性。它要求人们到什么山上唱什么歌，见不同对象有不同说法，具体操作礼仪时因人而异。

第三个特点，技巧性。它告诉人们：礼仪是讲究技巧、重视操作的。

在实践中，对此三点均应加以认真的注意。

比如，名人、企业家，到公众场合去，其穿着打扮有个游戏规则，叫"男人看表，女人看包"。当然那是大人物、要人的规则。讲究的男人的表是比较有档次的，此即"男人看表"。当然，有的男人也不讲究，为什么他不戴表，你问他"几点"，人家不用看表，一看手机就知道了。"女人看包"则是说，比较讲究的女性，她包里放着什么东西，包是什么色彩的，她都很有讲究。不过我也见过很不讲究的。

那天我跟一位女同志换名片，我说："认识你很高兴，我们换一下名片吧？"她把包拿过来了，挺高档一个包。包一打开，首先拿出一包瓜子。我装没看见，其实看见了，是洽洽的。然后翻出一包话梅，接着冒出一只袜子。最后，她告诉我名片忘带了。该带的没带，不该带的带了。

在公共场合，人们在打量一个人时，讲究"女人看头，男人看腰"。"女人看头"是看什么？首先看发型，其次看化妆。注重个人形象的女性，对发型都比较介意。有社交经验的女人知道，在重要场合是要化妆的，这是基本礼貌。化妆是对交往对象和对别人的尊重。男人看什么？"男人看腰"，我给男同志留一个小问题，请你扪腰自问："男人看腰是看什么？"

"男人看腰"，其实不是看我们的腰粗不粗，也不是看腰带威风不威风。当企业家的人系着高档腰带还说得过去，我是一个大

学生，我花爹妈的钱，我系一条登喜路的腰带，两千多块钱，别人肯定认为不合适吧？不是看你衬衫下摆有没有掖到裤腰里去，也不是看你弯腰时会不会露出一截秋裤！看什么呢，看下面这样一个细节：重要的场合，有地位、有身份的男人，比较讲游戏规则的男人，腰带上面挂不挂别的东西？有地位、有身份的男人腰上是不挂任何东西的！有的老兄往我们对面一站，我们就会发现他有点问题，他腰上别着手机一只，打火机一枚，瑞士军刀一柄，另外还有一把钥匙。说句不好听的话，他就是像是全副武装的远征军，很不正规。

综上而言，礼仪的操作实际上就是七个字：有所不为，有所为。什么叫有所不为？有所不为的意思，就是在重要场合、在待人接物时，有些事情不能去做。它规范了我们不能出什么洋相，不能犯什么错误。

比如，招待客人喝饮料，要是训练有素的公关人员、接待人员，你就会知道，绝对不能乱问问题。我经常遇到有人乱问，好心好意地乱问。

那天，我到一个单位去了，负责人没赶回来，女秘书刚赶回来。那位女秘书大概是大学生刚参加工作，经验少。她气喘吁吁跑来了，说："金教授，我们头还在后面呢，我先回来了。头儿交代了，让我伺候好你，要什么就给什么。"

我说："你夸张了，你这不是牺牲吗？你不能这么说。你也别跟我说别的，咱们搞一点喝的吧。"因为我们当时在一个酒店大堂里呢，两人傻站着，不合适。

她很实在地问我："金教授，喝点什么呀？"

有经验的人是不会问这种问题的。喝点什么？吃点什么？你想去什么地方玩？这叫开放式问题。那样去问问题，你会给客人无限大的选择空间！

如果你是当爸爸的，你宠你家孩子，你问他："孩子，今儿礼拜六，到哪儿玩？"美国迪斯尼！你飞得过去吗？当时那位女孩如此问我，我就开玩笑地答道："不客气了，来一杯路易十三吧。"

她当时眼都直了："你还真要？"

我问："为什么不可以？"

她说："那酒一瓶一万多。我没带那么多钱，我的口袋里一共只有三千多。"·

我说："我告诉你吧，有经验的人，此时一定要使用封闭式问题。"

什么叫封闭式问题？就是给出所有选择，让对方从中挑选。比如，你招待金教授喝饮料时，你要这么问："金教授喝茶，还是喝矿泉水？"等于告诉老金：不喝茶，就只能喝矿泉水，不要想路易十三了。因此，"有所为，有所不为"的操作性是很强的。什么话能说，什么话不能说；什么事能做，什么事不能做，都是大有讲究的。

比如，穿西装时最不能出的洋相就是袖子上的商标没有拆掉。当然我们现在一般城市里的同志大部分都不至于出现这个问题了。

刚开始流行西装的时候，有的同志的确不行。西装左边袖子上那个商标，按照游戏规则，一交钱一刷卡的话，服务生就该给你拆了。现在有的高档西装干脆就没有它了。一开始，有的同志不知道，认为袖子上有一个商标是名牌的标志。经常有人走路时有意做曲臂挺进状，他要露一手，不太好看啊。

有时候，还有一个有所为的要求。其含义是：在人际交往中，我们应该怎么去做。怎么把这个事给弄好点，怎么样展示自己的良好教养和训练有素。比如，你用手跟别人做指示，手最好不要指着别人身体——你、你、你，此举有教训之嫌，有指责之意。万不得已要指的话，手指要并着，掌心向上翻起来比较好看。若是手指指向别人的鼻子，或是向上勾动，则犹如要跟别人决斗。因此，应该怎么做，不应该怎么做，是有讲究的。

如上所言，具体操作礼仪主要有两个要点：

第一，有所不为。不能说的话、不能做的事、不能犯的错误别出现。

第二，有所为。怎样去把它做好一点？像我刚才所讲的穿西装的三色原则、三一定律，都是有所为。

在即将结束本讲之时，我还要强调一下学习礼仪、运用礼仪时，需要注重的三个基本的理念。

第一，尊重为本。"礼者，敬人也。"礼仪最重要的要求，就是尊重。尊重上级是一种天职，尊重同事是一种本分，尊重下级是一种美德，尊重客人是一种常识，尊重对手是一种风度，尊重所有人则是一种教养。我们必须强调：运用礼仪、学习礼仪时最最重要的就是尊重。当然，我们所强调的尊重，不仅是针对外人的，它同时也包括自尊。

第二，善于表达。和外人打交道时，你一定要恰到好处地把你的尊重和友善表达出来。你不去表达，像我们刚才讲的，打电话你不注意，穿衣服你不注意，和别人说话你不注意，你很可能就会自找麻烦，惹火烧身，影响到有效沟通。你对别人的尊重和自尊，往往可能会被别人误会。所以要善于表达自己的律己与敬人之意。

第三，形式规范。运用礼仪之时，你不能乱来。讲不讲规范，是你的个人素质问题；懂不懂得规范，则是你的教养和修养问题。

以上，就是我对交际礼仪所做的一个宏观概述。希望大家通过自己的学习和观察，通过自己的修养与努力，不断地增加自己在礼仪方面的知识，提升自己在待人接物方面的品位，增进自己的人际交往。

第 1 篇

交际法则（上）

1987 年，美国学者亚历山大德拉博士和奥康纳博士发表论文，阐述了白金法则。它主要是这样一句话："在人际交往中要取得成功，就一定要做到：交往对象需要什么，我们就要在合法的条件下努力去满足对方什么。"

据我理解，亚历山大德拉博士和奥康纳博士所提出的白金法则其实包括以下两个要点：

第一个要点，交际的行为一定要合法。现代意识是什么？最重要的一个现代意识就是守法的意识。中华人民共和国依法治国。中华人民共和国是法治国家，市场经济要求法治。所以，交际行为要合法。

第二个要点，交往必须以对方为中心。人际交往要知彼知己，方便对方，而切忌以自我为中心。你如果没有这种意识的话，有的时候是非常麻烦的。

有一次，我到一位朋友的单位去，朋友是我的中学同学，现在是一家大公司的董事长。他见了我很亲切，都二十多年没见了，非要请我吃饭。说实话，我一般不太爱吃别人的请，我的肠胃不太好，但是那位同学请我我很高兴，中国人最重要的人际关系之一是同学关系嘛。吃吧，不客气。他是董事长，与总经理、办公室主任三个人陪着我去，进了一家高档渔村。他跟我讲："金教授，跟你不客气，知道你时间比较紧，咱们来了就吃，菜已经点过了。"

我注意到：那桌菜很丰盛，至少花了上千元。

我这个人还是善于沟通的，我就跟他讲，我说："董事长，你太客气了。这桌饭得上千，破费了。谢谢。"

他很实在："金教授，跟你不客气。我自己办公司，也不是别的部门，不存在大吃大喝的问题，这是我自己的钱，我愿意花。再跟你说实话吧，这家渔村是我大舅哥的企业。要什么，咱们都可以吃到。四条腿的，除了桌子不敢吃，咱们都敢吃。"

我说："董事长，一方面要感谢你，另一方面你是我同学，一块儿长大的，我也不跟你客气了。古人讲，来而不往非礼也，你这么隆重接待我，我吃你上千块钱的东西，不给你点回报对不起你。我跟你老兄提个建议：你其实不太会请客。"

我接着问他："你请谁啊？"

他说："金教授，我是当然请你啊。"

我说："你既然是请我，那你为什么不事先问一问我：'金教授，您不吃什么？您想吃什么？您想吃海鲜还是想吃农家菜？'假定吃海鲜，也需要问我：'到海边吃，到农家小院吃，到渔村吃，到渔船上吃，还是到五星酒店吃？'你一定要提前问一下客人，交往以对方为中心。你问都不问，就把我拉这儿来了。说好听点，你敷衍了事；说难听点，你打发讨饭的呢。"

我这话一说，他脸上挂不住了，但是他很聪明，他不跟我碰撞，他恶狠狠地瞪着办公室主任，他很会转嫁矛盾，他在暗示是那家伙干的。那位办公室主任当时委曲求全，没吭气。

过了一会儿，董事长、总经理出去打电话，那位办公室主任就悄悄地对我说："金教授，这桌菜都是好吃的呀。"

我说："那我就直言吧：它们可能都是你爱吃的。你又不是我老婆，你怎么知道我爱不爱吃这些东西？"

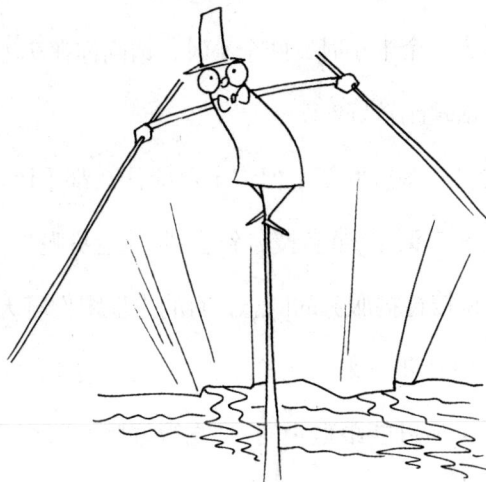

他们的问题，都是缺乏在交往中以对方为中心的意识。观念决定思路，思路决定出路。一个人和别人打交道，观念正确与否？是非常重要的。在人际交往中，遵守白金法则是非常必要的。

———————————————————

白金法则，所具体涉及的主要是我们在人际交往中所遇到的两个主要问题：有效的沟通和良性的互动。我们前面讲过：礼仪实质上是一种交往的艺术。我们怎么和别人处理好人际关系呢？在人际交往中，若要处理好自己的人际关系，以下两个要点至少不可以被忽略。

第一个要点，善于互动。什么是互动？解释它时，我喜欢讲四个字——"换位思考"。我给各位出一个小问题，假定你是天津市的一位机关工作人员，你们那个单位请金教授到天津去作报告。单位领导派你开车到北京来，用车把我接到天津去。北京到天津高速公路怎么也得走一个半小时、两个小时，请问你在车上要跟我交谈，你觉得谈什么话题比较好？

这个问题可有多种回答。但你不可能什么都不谈，那两个小时你不可能只说一句话："金教授，到了。"你运货呢！但是，你得会说话。我遇到搞接待搞服务的同志，有的人他跟你聊天不会找话题。比如，你从外地到北京来，他第二天见到你就问："昨天晚上睡得好吗？"不好也不可能跟他说啊。"吃得好吗？"真不明白他想让人家说什么？还有同志更敷衍你，"你们南方天气冷吗？见过北京下的雪吗？"欲说还休，欲说还休，却道天凉好个秋。这叫见外。不过谈话时跟外人也不能太近乎，太近乎的话也有麻烦。我是一个男同志，你是一个女同志。咱俩不熟，你上来便给我讲段子，那也不合适。那么你跟别人聊天时，选择什么话题最佳呢？

勿忘：交往以对方为中心。你和金教授聊天时，最佳的话题是什么呢？理当是老金所擅长的问题。"闻道有先后，术业有专攻！"

你得聊金教授所擅长的问题。比如，你问金教授："金教授，请问，排列座次是左高还是右高？"这些内容我在行。你问："金教授，要是穿西装的话，你看我这个刚刚毕业的大学生，穿蓝色好还是黑色好？我想买一身，你看买蓝的还是买黑的？买单排扣还是买双排扣？配领带的话，我这套蓝西装是打红色的好还是打灰色的好？"这些东西我在行。但你别问我不在行的东西，诸如"金教授，F4是谁啊？"此点要不注意，其实是非常麻烦的。

今年3月份，我到山东一个部门去给妇联的女同志作报告。当时，台下坐了很多女同志。我说："在女同志面前，除了向大家祝贺节日之外，我得说一点大家爱听的话。我就讲一句吧：我主张男人爱老婆。"

大家哈哈哈都乐了。

我说："你们别乐，我有目的性的。这是妇联的会，我主张男人爱老婆，实际上有助于维护家庭稳定，有助于弘扬家庭美德。再者呢，在场的几乎都是女同志，一个正常的女人没有人是不愿意老公爱自己的。金教授有句名言：尊重妇女，就是尊重人类的母亲。我不仅尊重我老婆，而且尊重我老娘；不仅尊重我亲娘，而且尊重丈母娘；不仅尊重美女，而且尊重很不美、很不美的女人。因为在我眼里，妇女都是人类的母亲，我们必须维护母亲的尊严。"

当然，我是从互动的角度考虑这一问题的。

我经常跟结了婚的、谈恋爱的男同志讲："一个男人如果足够聪明的话，就一定要爱老婆。"从某种意义上说，男人爱老婆，就是爱自己。他的投入和产出绝对成正比，效益一定会比较好。因为女人容易被感动，你对她好，回报率较高。不怕各位笑话，我对我丈母娘特别好。首先，这是一种教养，因为丈母娘也是我娘。其次，我这是在发挥模范带头作用，使我老婆不能对我娘不好。我善于互动而已。其实，在此我所讲的是一条非常重要的游戏规则：善待别人，就是善待自己。这是我们现代人所需要注意的。

我经常遇到这样的人，他对人人都有怨言。他觉得：国家对不起他，社会对不起他，单位对不起他，领导对不起他，同事对不起他，爹妈也对不起他！他总觉得别人都对不起他！他很少换位思考，他对待别人如何？一位有教养的人，他肯定是要善待别人的。因为善待别人就是善待自己，它是一个互动的关系。我们在前面讲了，来而不往非礼也。开个玩笑，男人如果对老婆不好，你是要遭报应的。北京女人有特点，我老婆是北京人。我那天跟人开玩笑："我发现北京女同志收拾老公有绝招。生了丈夫的气之后，她绝不离家出走，她不给别人可乘之机。相反她要在你面前给你添堵。该跟你一块儿住，一块儿住；该跟你一块儿吃，一块儿吃。她坐你对面吃饭之时含恨不语，但见蹙娥眉，不知心恨谁，令你抑郁而死。很多老爷们就是这么得癌症的。"这其实就是一个互动的问题。在我来看，处理夫妻关系、婆媳关系、同事关系并不难，难就难在你有没有互动的意识。你要真是有教养的话，你就应该知道：对老人要尊重，对晚辈要尊重，对任何人都要尊重。善待别人就是善待自己，这是教养的问题。

互动的问题，如果不注意，就会无事生非。夸别人大家会吧？我还真的见过不会夸人的人。

那天，我们去中关村的一家单位做客。一位主人问我的同事："谢教授，贵庚啊？"

老谢说："贵庚轮不着，我1957年出生，今年正好49岁。"

"哦，你今年要特别注意。"他好像非常担心似的。

老谢问："我又不是属猴的，不是本命年啊，有什么需要注意的？"

他说："你难道不知道？"

老谢忙问："知道什么？"

他说："网上有条消息，社会学家、生理学家、医学家作过综合统计，你们这种名人、专家之类的人，都比较疲劳，目前是超负荷、高压力，你们属于高危人种。像你们这种人，平均寿命一般都不到50。"

他把人家给灭了。

为什么会出现这种情形呢？关键在于他以自己为中心，直言不讳。他没有考虑结果，没有进行换位思考。他的这种畅所欲言的结果是：对方对他会有不好的看法。在人际交往中要取得成功，要建立良好的

人际关系，经常性地进行换位思考是十分重要的。所以我们强调，处理好人际关系的第一个要点就是要善于互动，即换位思考。

第二个要点，有效沟通。沟通是互动之桥。在我眼里，我们都是中国人民。说实话：你说谁是好人，谁是坏人？我们都是自己人，中国人民都是自己人。但是，有的时候确实是有不聪明的人和聪明人之分。不聪明的人是什么样子？不聪明的人就是不会沟通的人，他们往往好心好意不得好报，弄巧成拙，画蛇添足，夸别人跟骂别人似的。当然，沟通其实很难，比如开个玩笑，电视机前的男性观众，现场的男同志们，你们注意到这样一个细节了吗？一般而论，女性对自己相貌的评价都是正面的。说白了，就是女人一般都认为自己长得不错。不是一般的不错，而是很棒，尤其年轻女子这样评价自己。但有的时候她跟老公、跟男朋友假谦虚，她往往跟她的那个他说："我长得就是一般人。"其实她要的答案是否定之否定。但是我也见过听不懂人家本意的人，他安慰别人："反正我不在乎相貌，咱俩都是一般人的模样嘛。"他的问题在于没有有效沟通，不懂得"听话听声，锣鼓听音"。在人际交往中，有效沟通往往是比较困难的。

有一次，我回家比较晚，不想做饭，老婆也不想做饭，就说："到楼下去吃吧，去到外面吃家常菜吧。"

我们那个小区生活设施比较完备，各种菜馆好几家，我们就去了一个家常菜馆。它的家常菜做得很好，小妹长得很漂亮，服务态度极热情，价钱也极公道，但员工可能是没进行过培训。我们两个人往那儿一坐，小妹笑眯眯地上来了："二位，要饭吗？"

我不太爱生气，我从来不拿别人折磨自己。但我不能保证我老婆也这样啊，我老婆当时要说两句难听话怎么办呢？好汉不吃眼前亏，菜可能会晚上不说，万一里面给你加点多余的东西呢？缺斤短两呢？这些都不好说，于是我就赶快和稀泥。我跟那个小妹说："靓女，你看清楚了，我们两个长得像洪七公吗？"我想拿丐帮老祖宗来幽她一默。

没想到，那位小妹非常纯洁地问："谁是洪七公？"

哎呀！她不跟你过招。

显然，双方的对话不在同一个平台上。决斗时如果没有对手，你会多么地寂寞啊？拔剑四顾心茫然！那时，我们双方确实没有有效沟通。

在人际交往中，怎样实现有效沟通？刚才我讲过：你要去互动，要去良性地互动，你要善于换位思考。那么你怎样去沟通呢？你要明白：沟通是有其规则的，沟通的基本规则其实就是以下两点：

其一，看对象，讲规矩。首先，你要有讲规矩的意识。但是一定要明白，讲规矩的时候则是要看对象的。比如，我们在现场的听众，基本上都是北京人。北京人打招呼有个习惯，喜欢问："吃了吗？"这句话我们都司空见惯，不当回事了，这句话的意思就是打招呼、问候别人。可是外国友人往往会听不懂。我就有一次遇到这种事：

有一位朋友跟外宾会见，他没话找话问外宾："各位，你们吃了吗？"

没有想到的是外宾异口同声地说："我们都没有吃。"

结果立刻请对方去吃了一顿。本来没准备请吃嘛，他也就是敷衍别人，但没料到别人还真吃。

问题是谁让你那么问人家的？所以我告诉翻译，咱们老北京要是问候外国客人"吃了没有"，都要一律翻译成"你好"。

许多外宾，尤其西方人有个习惯，喜欢恭维异性。他们见到男人说你帅哥，见到女孩说你靓女。有时候他们所使用的词还很厉害，说你 charming，好有魅力；说你 sexity，很性感。我相信，我们现场的同志们都是很有教养的。比如，你是一位老师，Miss 李，李女士。别人要是夸你："李小姐，你长得很漂亮。"我相信我们这位老师一定会落落大方，eyes to eyes，看着对方的双眼说"谢谢"。这等于说明我见过世面。但没有此种阅历的女孩子不少地方都有。你跟她说："小王你很漂亮！"你还没说她很性感呢，她当真了，"哪儿？讨厌。"这就有点傻。我告诉翻译，凡外宾夸我们姑娘很性感，可以翻译成"吃过没有？"这话她听得懂啊！在人际交往中，我们必须谨记：看对象，讲规矩。

其二，了解人，尊重人。 我们在前面曾再三强调：尊重为本。学习礼仪、运用礼仪，最重要的是要永远不失敬人之意。但是我们还必须强调，尊重的前提是了解交往对象。你若不了解他，你怎么去尊重他？尊重的前提在于了解，了解人才有尊重可言。举个例子，你要请我吃饭，你认为哪一个问题是最重要的呢？我见到没有经验的人，他

40

会这么跟你说："您爱吃点什么？您想吃点什么？你想吃川菜还是吃粤菜？"其实这是很不在行的做法。有社交经验的人第一次请外人吃饭时，最礼貌、最得体的做法是要问对方："您不能吃什么？"想了解人！因为，有民族禁忌，有宗教禁忌，有职业禁忌，还有纯粹的个人禁忌，你不问行吗？比如,西方人不吃动物的头和脚,满族不吃狗肉。

所以了解人是尊重人的前提。我讲了两点：人际交往既要重视互动，又要强调沟通。沟通是互动之桥。没有沟通就没有互动，没有互动就没有良好的人际交往。

下面谈一谈，学习白金法则时什么问题最重要？我个人认为，以下两个问题最重要。

第一个问题，摆正位置。在现代社会里，人与人之间是有不同的位置的。比如，我现在给各位讲课，我是为大家服务。中华人民共和国教育法规定，我国的教育要执行党的教育方针，以学生为本，为学生服务。教育以学生为本，实质就是为学生服务。什么是服务，服务就是为别人工作。我这句话的言下之意就是：当你为别人服务时，应该有求必应，不厌其烦。有同志问：你这个意思不就是说我们跟别人不平等了吗？谁说不平等了？我们所谓的服务在这个意义上是平等的？什么意义？一人为大家，大家为一人，人与人之间相互服务。比如，你在酒店工作，现在我给你讲课，我为你服务。那么，我要换一个角度，我到你的酒店去了，你就要为我服务。我们看电视节目，电视台的从业人员是在为大家服务。那么电视台的同志到你这儿来美发、买衣服，你又为他服务。整个社会是相互服务的。但是在一个特定的位置上，服务则是相对的，服务就是为别人工作。讲一个小故事：

今年夏天我到上海去，住在一家五星酒店。我有一天上午肠胃不太好，没有吃早餐，午餐也没有吃。东道主一方的上海人很细心，发现我没吃饭，于是中午叫餐厅送了碗面过来。

五星酒店的一碗面比较贵。那碗面送过来之后，我问服务生："这碗面多少钱？"

他说："加上服务费 90 元。"

我说："既然这么贵的话，我要先来验收一下，让我尝一尝。"

我尝了尝，其实那碗面就是阳春面，就是光板面加点葱花、浇点酱汁之类的。我吃了一口之后感到它比较咸，我对服务生说："不行，这碗面太咸，拿回去重做。"

服务生马上就把它拿走了。

当时，我们一方的工作人员有人在现场。他就悄悄问我："金教授，您是不是肠胃非常难受？"

我问："什么意思？"

他说："我跟您好几年了，从来没见您跟服务生这么厉害过。如果您不舒服，咱们到医院去看病吧。"

我说："我跟你说实话，我没有什么不舒服，而是这碗面太贵。他卖的是服务，不是面。2 块钱一碗的面我是不会提什么意见的，

90元一碗的面既然卖的是服务，我就有权利提出要求。否则我吃2块钱一碗的面我能吃多少碗？我能吃45碗呢。我吃半个多月呢。"

那家酒店服务非常好。不到10分钟，厨师长亲自给我拿了个大提盒过来，他也很会说话。他说："先生，不好意思，我们五星酒店一碗面都没有让您吃高兴，实在影响形象。为了表示歉意，我亲自来向你道歉。我是厨师长，我亲自给您煮了两碗面，您尝尝。"

第一碗面他拿给我看，是一只白色的碗装的。他说："这碗面里所放的盐是您刚才所吃的那碗面的含盐量的一半。"

他怎么计算的，我也不知道。不可能给我做一碗面放多少盐还记着吧？但是这句话让你听着舒服，因为他进行定量分析，说明操作是有规矩的。然后他又告诉我："这碗面您要觉得还是咸的话,还有另外一碗面。"

说着又拿出来一只红色的碗装着的面，他说："这碗面一点盐都没有放，但是给您准备了5种调料，有日本的大酱汤、美国的色拉酱、越南的鱼露、印度的咖喱，还有北京炸酱，您可以按照自己需要去放。如果这两碗面您都不满意。我会再去给您做，直到您满意为止。"

我当然满意了，别人一点盐都不放，你满意吗？他走了以后，我对我们的工作人员说："你明白吗，这个就是服务。什么是服务？真正的优质服务，就是有求必应，不厌其烦。"

我们必须认识到：平等，往往是相对而言的。我回到家里去，如果老婆给我做的面，我就不敢提意见，因为夫妻是绝对平等的。我们的男士们都有这种体会吧？你家太太给你做的面，好吃也得吃，不好吃也得吃，我就不敢说它不好吃。我要说这碗面咸，她立刻会跟我翻脸："你爱吃不吃！"在此，其实我是在讲一个摆正位置的问题。在现代社会中你和别人打交道，一定要首先摆正位置。

我曾经在一家外企实习过几天，我当时也负过一点责任。我去上班的时候，上司就告诉我："你要注意，以后有事情你不要越级来反映。你记住这样几句话：你的上司永远是正确的。你的公司的决策是不能被怀疑的。如果你要认为你的上司错了，或者公司的决策错了，你就应该立刻辞职。"

我当时觉得这些话好没有道理，这是什么道理？多少年之后，我才明白了，他其实讲的是现代管理中一个非常敏感的问题——执行力。下级服从上级，全党服从中央，全国一盘棋，令行禁止，是国家机关、企事业单位完善其管理的基本要求。

我们有些同志有一个错误观点，他认为谁也不对。比如，在企业里，他认为，董事长是个笨蛋，总经理是个饭桶，部门经理是个马屁精，办公桌对面所坐的那人什么都不通！他不懂换位思考。你不当董事长，你知道董事长在想什么吗？你不当总经理，你知道总经理决策时考虑问题的角度吗？我们反复倡导了解人，尊重人。你和别人打交道，如果不懂得换位思考，你怎么知道谁对谁错呢？别人考虑问题、决策的角度，与你往往是不一样的。

第二个问题，端正态度。现代人的压力是比较大的。金教授喜欢讲一句话："你要做多大的事情，就要承担多大的压力。"有些同志压力大了，却不善于自己平衡和调节，于是就有问题了。你见过这样的人吗？他的心态不好，要么自我摧残，要么四面出击、处处与别人为敌。他存在的价值就是让别人不爽。在我来看，他其实有点可怜，他的心态不佳。

有一次到南方某市去，记者来采访我，他问我："金教授，你烦吗？"

我问："什么意思？"

他说："我听过你的报告，你说过，你要做多大的事，就要承担多大的压力。你这么忙，你的压力一定很大，我想你会烦。"

我说："我告诉你，我时常会有烦心的事，但我一般都不会烦。"

他问："为什么有烦心的事你还会不烦呢？"

我说："我善于进行心态的调整。"

金教授有一句常讲的话，叫做三不烦。哪三个不烦？**第一，昨天过去了，没有必要再烦。**李白讲："昨日之事不可追。"大丈夫拿得起放得下。你炒股呢，看走眼了；你追女孩子，没追上，你劳而无功了；

你考大学就差半分，就没有被录取；这种事过去就过去了，聪明的人是没有必要再去烦的。人生最大的智慧，在于理智地放弃。拿得起放不下，那叫压力。拿得起放得下，那叫理智。昨天的事过去了，我不烦。**第二，明天尚未到来，暂时烦不着。**不是说不要计划，不是说不要宏伟蓝图，而是说没有必要杞人忧天，社会心理学告诉我们，人生的很多忧虑，往往是自己所妄想的。做一件事之前，往往你会想，这个张三怎么说我，那个李四怎么说我，还有王五怎么说我。实践证明，你所凭空杜撰出来的别人对你的说法，百分之七十是你自己所妄想的。其实明天没有来，烦不着。**第三，今天正在度过，绝对不能烦。**因为现在是我唯一能够控制的时间，今天我烦了它是这样过，我不烦它还是这样过，那我为什么要烦呢？不能烦，没有必要烦。我喜欢讲一句话："生命是宝贵的，活着是幸福的，工作是美丽的。"只要拥有一种健康的心态，我就会开心每一天。我开心快乐地生活，会提升我生命的质量。我开心快乐地生活，会更好地报效国家，报效社会，报效单位，处理好自己的人际关系。所谓"君子坦荡荡，小人常戚戚"。这就是阳光的心态，这就是善待自己。刚才讲摆正位置，其实讲的是要善待别人。现在讲的调整心态，则是要善待自己。一个人若是不尊重自己，不善待自己，其实他是很弱智的。当然，我们要去平衡、调整自己的心态，有的时候会有种种的难题。

那天一位同事跟我聊天，他说："金教授，说句你不太爱听的话，你不太像上海男人。"

我问："有这么回事吗？"

他说："有啊，我认识很多上海男人，他们都比较温柔，我发现你个性鲜明，脾气有点暴躁。"

我说："我的脾气是不太好。"

他便问我："那你爱烦吗？你爱生气吗？"

我说："我跟你说实话，我不太烦，我不太爱生气。我有两句座右铭，其一，我从来不拿自己折磨别人，我反复讲了，善待别人就是善待自己。"

在社会上，你要想做一点事，会有曲折，会有麻烦，会有种种的困难险阻。中国古人曾经有一句话：哪个背后无人说，谁在背后不说人！想让别人不议论你可能吗？没有的事。比如，我来此地跟同志们讲讲礼仪。我做事有职业道德，我但求无愧我心，我是恪尽职守的，我是认真努力的，但是结果有的时候却未必尽如人意。金教授家里有一个条幅：让大家都喜欢你往往是不可能的！有的时候，我小有不爽就坐在下面看它几眼，看几眼就会爽一点。痛苦来自欲望不能满足，为什么有人心态不好？他对自己求全责备。当然你也不能放任自流。我那个条幅其实还有下半句：我们应该争取让多数人喜欢我们。多数人不喜欢你，你就麻烦了。比如，我给你做讲座，你来了 50 个人，中间跑掉 3 个，很正常。让大家都喜欢你往往是不可能的。但是 50 个人要是跑掉了 49 个，那我就跳楼了，挥一挥手，不带走一片云彩！我的存在没有价值了。其实我讲的就是一个自我心态调整的问题。切莫忘记：我们只有调整好自己的心情，才能够真正做好自己的事情。

一个人如果拥有健康的心态，就会拥有健康的人际关系，健康的工作态度，健康的生命质量。怎样去调整自己的心态呢？最重要的是要注意四个字"接受别人"，或者说是要"宽以待人"。你要明白：你不能改变天气，你只能改变心情。你不能改变外部环境，你只能进行自我调整。你能改变天气吗？你有这个能力吗？那是人力之所不及的。但是，你的心情是可以控制的。你和别人打交道时，既然交往以对方为中心，那么你就应该接受对方。只要对方的所作所为没有违犯党纪国法，没有伤害你的国格人格，你就应该学会容人。一个人的成功，往往与他所能容忍别人的程度成正比。因为人站的位置不同，对同一问题的感受往往就不一样。

有一天，正在播放我的电视节目的电视台里面有位同志悄悄告诉我，说："金教授，有一个老先生对你那个节目写了封批评长信。"

我说："那好啊，他重视我们，不管提意见还是表扬，都是好事啊。你跟我说说是什么内容。"

他说："不敢说，他的措辞比较苛刻。"

我说："那是爱之愈深，责之愈切，很正常嘛。你跟我说说到底是什么？"

他说："不敢说，我把信给你传真过去吧。"

我一看那传真挺有意思，老先生说："金教授讲礼仪，内容讲得很好，但表现形式不好，不够稳重，嬉皮笑脸，谈笑风生，举例庸俗肤浅。你看我们老一辈革命家，落落大方，不卑不亢，多么好啊？金教授那样讲礼仪的话，太肤浅了吧？档次不够，影响电视台形象。"

　　我对那位同志说："这个问题其实好解决，做任何事，不仅要讲原则，也要看对象。有内容问题，也有形式问题。没有形式，就没有内容。形式表现内容，内容体现于形式。你要去讲古人那套礼仪，什么《论语》、《孟子》，我会倒背如流。礼是什么？礼者，正仪容，齐颜色，修辞令；礼之用，和为贵；礼者，敬人也，礼者，君君，臣臣，父父，子子。这些东西我很在行。可是说实话，把这套古人的辞令直接照搬到电视上，跟我们电视观众去讲，有收视率吗？有人要看吗？"

　　江泽民同志曾经讲过：我们的宣传思想工作，必须以科学的理论武装人，以正确的舆论引导人，以高尚的精神塑造人，以优秀的作品鼓舞人。试想，我们在具体操作时，不用人民群众所喜闻乐见的方式感染人，不用轻松愉快的形式吸引人，能够达到上述要求吗？显然没有形式是没有内容的。在这里，我想讲的道理是什么呢？仁者见仁，智者见智。想让大家都容你，想让大家都接受你，根本不可能呀！自己把标准定得太高，有时候你会痛苦。我们可以满足对方要求，努力去调整适应对方。但是你必须明白，让大家都对你说YES，都说你好，是有难度的，也是不可能的！

　　有什么样的心态，就有什么样的工作态度，就有什么样的人际关系，就有什么样的生活质量。跟别人打交道时，一定要容人。你不能够容人，别人也不容你啊，这是互动的。为什么讲互动呢？其实就是这样的道理。善待别人就会被别人善待，同样的道理，你要不善待别人，你搞不好会遭到报应的，"来而不往，非礼也"。在处理人际关系时遵守白金法则，我认为是非常重要的。

白金法则是现代人进行交往的基本原则。它最重要的命题，就是我们所反复强调的换位思考。成功的交往，有赖于交往以对方为中心。在学习这个白金法则的时候，我们刚才讲的两个问题是非常重要的。首先，要摆正位置。你做任何事，当爸爸的得像爸爸，当孩子的得像孩子，当上级的得像上级，当下级的得像下级，当男人的得像男人，当女人的得像女人。干什么说什么，干什么做什么，干什么像什么，此即恪尽职守。

其次，要调整心态。别人不是你，你也不是别人。世界存在着差异：人和人不一样，十里不同风，百里不同俗，千里不同情。那么我们和外人打交道时，跨行业、跨地区、跨文化交往时，一定要意识到世界具有多样性。这点你要不明白，就非常麻烦。你拿中国人那套对外国人，你把西方那套全部搬到中国来，往往都是行不通的。世界不同，"君子和而不同"。倘若我们在人际交往中对这个问题拥有正确的认识，将会提升自己交往的能力，并会提升自己生活的质量。在我眼里，有什么样的心态，就有什么样的生活质量，有什么样的心态，就有什么样的人际关系。在人际交往中和日常工作中，心态往往决定一切。此点，是我们在学习白金法则时所需要注意的。

第 2 篇

交际法则（下）

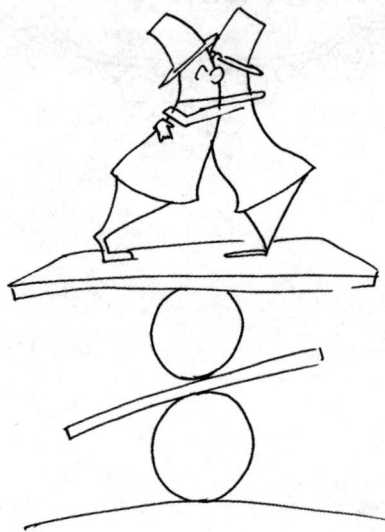

美国学者布吉林教授等人，曾经提出来一条所谓的三 A 法则，它的基本含义是：在人际交往中要想成为受欢迎的人，就必须善于向交往对象表达自己的尊重、友善之意。我们知道，在任何情况下，对家人也好，对外人也好，对上级也好，对下级也好，对同事也好，对客户也好，我们都需要表达自己的尊重、友善。而尊重和友善的表达，则有一个规范化问题。

我曾经在上一篇里概述过礼仪的基本含义。"礼者，敬人也"。礼就是要求我们在与人交往之时以尊重为本。同时我还强调，礼仪的那个仪就是规范的沟通技巧，它要求交往遵循规范，不能乱来。座次排列时，是左高就是左高，是右高就是右高。在尊重和规范之间它有一座桥梁，就是要善于表达。你对别人尊重吗？你对别人友善吗？布吉林等人认为：你一定要恰到好处地表达对别人的善意，才能够被别人所容忍和接受。

有的同志讲：这句话我也会说，我也知道要善于向别人表示善意，但是关键是我们怎样才能恰到好处地表示。下面我举一个例子：

有一次我去上海，负责接待我的那个部门派来一位女孩子。这个女孩子比较年轻，上来就跟我说："金教授，你们北京人不一定常来上海，这次来上海我们一定安排你在上海好好地玩玩。比如，要让你看看东方新天地，让你去磁悬浮火车坐一坐。"

她把我逗乐了，我问："小妹，你参加革命有三个月了吧？"

她说："什么意思？"

我说："你可能是不太善于表达。你怎么知道金教授不常来上海呢？老金我本人就是上海人。我平均两个月至少回来一次。我到上海的时候，大概你还没有出生呢。"

像我这种人，比较自以为是，可能对人、对事比较敏感。换上一个角度，你要是接待我的话，你要是善于表达，你应该这样讲："金教授，您见多识广，祖国大地您哪儿没去过啊。接待您我觉得特别荣幸，我就不用操闲心了。这样，金教授，在咱们上海，反正是我为你服务。你想去看哪里，你吩咐，我有求必应，不厌其烦。"这才叫会善于表达。你问我："你来过上海吗？"言外之意，你岂不是说我没见过世面？这里面其实存在着一个表达的问题。有时候你不让别人喜欢你，不让别人接受你，实际上往往是自己在表达上弄巧成拙了，是你的意思被别人误会或者歪曲了。所以在日常工作和交往中，要注意表达善意是非常重要的。布吉林所讲的三A法则就是告诉你：你若对别人尊重和友善，就要把这个心意恰到好处地表现出来。

布吉林先生告诉我们，向别人表达尊重和友善时，恰到好处的沟通技巧有三。用英文来说，表达这三点的每一个词的第一个字母都是 A，所以他把它叫做三 A 法则。

第一个 A，接受对方。它的英文单词是：Accept，接受。说实话，在日常生活中，什么样的人别人最讨厌他，最不喜欢他呢？做人比较刻薄的人。真正受欢迎的是什么样的人呢？严于律己、宽以待人的人！在实际生活中，最不受欢迎的是什么人呢？是严于律人、宽以待已的人。他往往做人比较刻薄。古人讲："十里不同风，百里不同俗。"人和人受教育的程度不一样，年龄不一样，性别不一样，职位不一样，社会阅历不一样，待人接物的风格和具体做法往往有所不同。有鉴于此，接受别人实际上是最重要的。用我国古代先贤的话来说，就是"有容乃大"。很遗憾的是我们注意到一种现实，相当数量的同志不太能够接受别人。说好听点，他是自以为是；说难听点，他是嚣张放肆、目中无人。比如：

有一次我到一个部门去讲课，我说："在比较重要的情况下，就穿西装而言，三色原则是最重要的。"什么是三色原则？就是全身服装的颜色不能多于三种。我特别强调说："这是在正规场合穿西装、套装时一定要注意的。"一般性的要求是：西装是深色的，皮鞋和袜子是黑色的，衬衫是白色的，领带的颜色和西装为同一种颜色最佳。我讲的时候有一位同志在坏坏地笑，并且高喊："金教授身上的颜色有六种。"

我问："你说这话有什么效果呢？"

他说："我看见了。"

我说："别人也看见了。"

我刚才讲了，我说的那是正规场合，是穿西装、套装。当时在现场金教授我并没有穿西装，套装，而且那是内部讲座，又不是在大庭广众之前。

我问："你知道你说这话的结果是让我不爽吗？"

他说："不会，金教授是有教养的人，不会的。"

我说："不对，其实每一个人听到你的那番话肯定都会不爽。"

你懂什么叫换位思考吗？你知道我怎么想吗？我是一位专家，我跟你说的是实话，我告诉你了我的感受，别人一般并不跟你说这些话。他犯了一个什么错误？自以为是！他用自己的经验去看别人。

我们知道，在日常生活和交往中，人们的性别不同，地位不同，年龄不同，职业不同，受教育的程度不同，社会经验不同，性格不同，看问题的角度往往便会不一样。实际上，有时人与人之间的关系出了问题，根源往往在于彼此看问题的视角互不相同。比如：

有个别北方同志到上海去，吃我们上海饭就有点不爽。

他们往往会如此议论："哎呀，你们上海人太抠门，就弄那么一只小碗盛饭装菜，让人家吃不饱。"

我说："我们用餐时主要是吃菜，而且讲究吃菜是吃味道。你稍稍来上一点，吃两口，即止。以后还会想它，耐人寻味。你一下放一大盆菜，半天吃不完。浪费不说，而且感觉上不够精致。"

当然我这个话说得也不完全对，别人拿盆装菜也有拿盆装菜的道理。国内有的地方就有吃盆菜之习。

我这儿讲了一个角度的问题。"十里不同风，百里不同俗"，有时你很难说谁对谁错。凡是存在的往往就是合理的。人与人站的位置不同，有时你很难说谁对谁错。所以一个真正有教养的人，他在待人接物中需要注意的是什么呢？是要善于接受别人。

从交际礼仪的角度来讲，具体上你要切记以下三个要点：

其一，接受交往对象。在公司里面，跟客户打交道；在服务岗位上，售货员为顾客服务；在学校里，老师给学生讲课；大家都得容忍别人，接受别人。比如，我在学校当老师，我就不能说学生笨，如果学生什么都懂还要你干吗？作为一个有教养的人，对自己学而不厌，对学生诲人不倦，那才是教师的美德。在日常工作和交往中，要学会接受别人。首先，你要接受你的交往对象，他们往往是你不可以选择的。

其二，接受交往对象的风俗习惯。一个真正有教养的人，肯定是见多识广的。见多识广的人就比较容人，少见多怪的人就比较不容人。我曾经讲过，礼仪所推崇的是尊重，什么是尊重？尊重别人，就是要尊重对方的选择。一个国家、一个民族、一个地方，人民的风俗习惯就是他们自己的选择。礼出于俗，俗化为礼。习俗实际上是文化的一种沉淀，你很难说谁对谁错。

比如，我小时候在陕西生活过很长时间。陕西几大怪中有一怪——椅子不坐蹲起来。你很难说这个做法是对还是错。再举下面一个案例：

我曾教过一名陕西学生。他大学毕业之后到外事系统工作，后来被派到法国，20 世纪 80 年代末期走的。20 世纪 90 年代中期他回国来探亲，他跟我说："老师，我到了巴黎之后就病了。"

"你怎么会有病？外事系统把你派出去之前还不把你的身体好好检查检查？"

"我也不知道我是啥病，但我到那儿之后我就觉得我病了，我到医院去看了好几次也查不出啥病，我难受得很。"

"到底啥病？"

"后来我才想透了，我是吃西餐不灵。以前给你当学生的时候我不敢说，你经常带着我去跟外国人交往，让我去见世面、吃西餐，我跟你说实话老师，我从来没有吃饱过。我以前是不敢跟你说的，你是好心。我现在大嘴巴我跟你说说，那个西餐点着红红的蜡烛，铺着白白的台布，拿着银制的刀叉，吃的东西半生不熟，跟喂鸡似的，我从来没吃饱过。还得拿着刀叉吃，真麻烦呀，我觉得吃西餐拿着筷子吃最爽了。我想来想去，我知道我想吃啥了，我想吃我们老家的棒棒（biang biang，现代汉语词典中没有这两个字，故在此用"棒棒"二字代替）面了。"

不知道电视机前与现场有没有陕西观众？陕西有一种面条叫油泼辣子棒棒面。它宽宽的，吃起来吧唧吧唧，巨响。西餐里则有一条礼仪，吃东西不能发出声音。

有一天，一位同志跟我说："外国人说吃东西不能出声，我们中国人民就是出声，你爱听就听，不爱听就拉倒。谁怕谁呀！"

我说："那你不懂，这个礼仪，尤其国际礼仪，它实际上就是一种游戏规则。说形象一点，它犹如交通规则。到国际社会里去跟

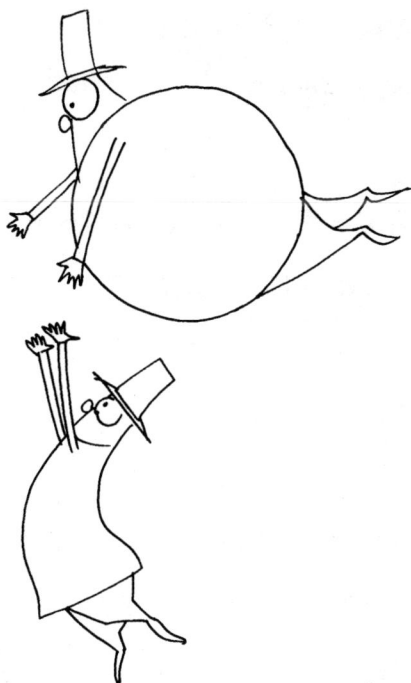

别人打交道，就跟开车上路一样，到了路上你就得遵守交规。而在你家里就没必要讲交规，你把你们家的鸡轧死了没事，但你到国际社会上乱来、不讲规矩就不行。"

因此，国际交往中必须自觉做到：入国而问禁，入乡而随俗，入门而问讳。

那位陕西的小伙子接着跟我说："我想来想去我想吃棒棒面了，但没办法，我吃不到。后来我想吃它想得难受得很，我豁出去了。有一个礼拜天，我跑到唐人街，买了一只锅，买了一扎挂面。我煮了一大锅面条，把门一关，我端着锅吃，吧唧吧唧，但我吃了半天还没找着感觉，我觉得还是少了一个程序。"

我问："少个啥程序呢？"

他说："我吃了一半才想起来，我得蹲着。"

陕西关中地区有一种习惯叫"椅子不坐蹲起来"。陕西老百姓形容此种姿势有句土话，叫做"圪蹴着"。

他说："我得圪蹴着。反正没有外人，我把椅子拉过来，把鞋一脱，往上一蹲，我端着锅一吃，吧吧吧，我的病好了。"

因此，从风俗习惯的角度上来看，你很难说谁对谁错。实际上，人都有自己的生活习惯。比如，有人爱吃咸的，你让他吃甜的就不行。有人爱吃甜的，你让他吃咸的也不行。

那天，我家来了一位美国朋友。那个美国朋友跟我说："谁谁谁这个人不太好。"

我问："为什么？"

他说："他非让我吃狗肉。"

大家知道，欧美人是不吃狗肉的。我们那个同志却劝人家："吃吧！反正没有外人，我保证不举报你。吃吧，这个吃了以后好啊……"

他当时还讲了很多很多吃狗肉的好处。

这样做，他就有强人所难之嫌。你要接受别人，除了接受这个人本身之外，从人际交往方面来说，很重要的一点，是你要尊重他的风俗习惯。不用说外人，夫妻之间你不接受对方都不行。谈恋爱的时候，我们都可以把优点拿给对方看，但是过一段时间就会回归英雄本色。一个人要善待别人的话，就一定要容人，做人要宽容。容什么？包容别人的风俗习惯。

其三，接受别人的交际礼仪。 从国际交往的角度来讲，它的含义就是要接受别人的游戏规则。

有一次，我到西亚某个国家参加一项活动。一下飞机，对方的外交官过来就跟我拥抱。他们那边喜欢拥抱，而且是两次三次的。左边一次，右边一次；左边一次，右边一次；要连续两三次。跟我拥抱的时候，他的第一句话就是问我："牲口好吗？"

我出过车祸，左边这只耳朵听力不太好，我没听太清楚，我就告诉他："Pardon？"

他不是先亲我左边的吗，从左边移到右边去亲的时候，他再次问候我："牲口好吗？"

这次我听见了，我只好说："好啊，好啊。"

然后到了住处，我问一位熟悉的同志："你看我今天像牲口吗？"

因为人在那个地方会有高原反映，我的呼吸道有一点不太好，我怀疑我的面容比较憔悴、苍老。

他说："你不像，你很精神。"

我说："那些人为什么问我牲口好吗？"

他说："我告诉你吧，这个地方是一个以游牧民族为主体的国家。人们的传统习惯是互问'牲口好吗'，就跟我们西北西南某些地方，老百姓见了面互问'收成好吗'、'庄稼好吗'、'生意好吗'，是一个道理。"

从风俗习惯这个角度来分析问题，凡是存在的，就是合理的。因此，在人际交往中，你要成为受欢迎的人，一定要注意对人不能吹毛求疵，对人不能过分刻薄，尤其不能拿自己的经验去勉强别人。你不要说勉强别人了，你连你们自己家的老婆孩子都勉强不了。因为，虽然同属一家人，但是每个人的生活习惯、个性往往是不一样的。

第二个 A，重视对方。它的英文单词是：Appreciate。英文好的人都必定知道，这个词的确切含义是什么呢？欣赏。人生经验告诉我们：在日常生活中，一位有教养的人必定会欣赏别人的长处。有的人倒也重视别人，但他重视别人是重视什么啊？找别人毛病。他比较刻薄，他绝对重视别人，但他所重视的往往不是对方的优点。

有天我到一个单位去开会，那是 6 年以前。休息的时候，一位同志过来跟我聊天，问："金教授你贵庚啊？"

我说："老金今年 40 整。"

"啊，金教授，你很精神啊，你不像 40 岁的人。"

这个话我特别爱听，因为我老婆经常私下诽谤我是"老东西"，说我显老。男同志到一定年龄就愿意人家说自己年轻，小的时候愿意让别人说我们成熟、稳重，而到一定年龄之后，又愿意让别人说自己年轻。当时，我拍拍他的肩膀说："你现在先别夸我年轻，你夸我年轻我特别高兴，一会儿我老婆会开车来接我，她来的时候，你再当着她的面夸，今晚上请你吃北京烤鸭。"

本来他夸我年轻我挺高兴的，但那位老兄只让我高兴了 30 秒，立刻就发现我的缺点，而且当众予以指正。

他说："金教授，你精神倒是精神，你年轻倒是年轻，可是你有个问题，你要改了就更好了。"

我问："什么问题？"

"你的背比较驼。"

他老兄一针见血地发现了我的一个问题。说实话，我的背还不是一般的驼。我的肩膀左边和右边"坎坷"不平。我也知道肩平、背直好看，但我没办法。

我当时跟他说："老弟，我的背如果能直起来的话，我会不直吗？因为我出过车祸，我这腰直不了了。你让我直起来的话，我很不舒服，别的大部分同志讲课都站着，我却得坐着。为什么？我要是站着，10分钟以上，我就头晕，20分钟以上搞不好我就跌倒那儿了。我到哪儿讲课，你去看，只要时间长过半小时，我肯定是坐着的，这是没有别的办法的。"

　　我解释了那么半天的意思是：你饶了我，让我过去吧。得饶人时且饶人，也是一种美德对不对？他不，他却宜将剩勇追穷寇，继续研究我的毛病。他说："老金，你的背比较驼的原因我明白了，那个没有别的办法，但是你还有一个问题，你的胳膊比较细，你平时从不参加锻炼吧？"

　　那么，他身上所存在的问题是什么呢？他的主要问题是乐于寻找别人毛病，对别人不宽容。

　　在生活或工作中，你去找别人的毛病很容易。但你要成为受别人欢迎的人，你首先就要接受别人。来而不往非礼也，这是基本原则。金教授讲白金法则时讲过一个基本的命题——善待别人就是善待自己。你对别人不宽容，别人会对你宽容吗？说实话，我老婆做的饭也好，我老妈做的饭也好，它们都有不好吃的时候。像我们家老太太做饭有个特点，她是北方人，河北人，她喜欢比较咸的。我从小在上海长大，上海人比较喜欢吃淡的，有时候喜欢放点糖。我难得回家一次，我老妈都70多岁了，身体不大好，老人家专门给我做个菜我能说它不好吃吗？我说实话，我就像拿出吃中药的精神把它吃光。老妈好不容易给你做一顿饭你不吃，她会心寒。

　　一个有教养的人，一定要善于去接受别人。进而言之的一个问题，就是要重视别人。它是接受的进一步发展，而且接受别人、重视别人的时候，你要注意你是在欣赏别人。譬如，我们曾经讲过一条礼仪的法则，接过名片一定要看。我曾经讲了，接受名片的时候，最礼貌的做法，不一定是站起来，不一定是两只手，不一定是说"谢谢"，因为这个谁都知道。其实一个真正有教养的人拿到别人的名片是要认真地看的。看是什么意思？两个意思：第一个意思就是表示对别人的重视。别人好心好意地给你人家的名片，你看都不看别人的名片，别人好心好意给你，合适吗？我有时候就不高兴。比如，

你把名片给他，他顺手给你扔到一边去了，还有的同志在餐桌上敲着玩。更有甚者，他的人走了，名片还放在那儿，他没拿走，你是不是会有被抛弃之感。因此，接过别人的名片后，有教养的人是一定要看的。看的第二个意思则是要了解对方的确切身份。看完别人名片后，一般要把它放在上衣口袋里，毕恭毕敬地认真收藏起来，别扔到一边去，别放到裤子兜里去。尤其别掖到裤子后面那个兜里去。

可是有同志却不通此道，下面讲一个例子。

有一次，一位同志来问我一件事。当时我要赶飞机，怕时间来不及了，我就把名片递给他，我说："我们以后电话联系吧，我现在要赶飞机，飞机不等人。"

别人问我问题是看得起我，我给他张名片也是看得起他。没想到那位老兄拿过我的名片说了一句话气得我半死。他说："哎呀，金教授，你还有名片呢？"

搞得我很长时间都不爽，我为什么就不像有名片的人呢？好歹咱也是一个教授嘛。后来一个同志劝我，那个同志就比较会说话，他说："老金啊，他那句话的意思其实不是说金教授你不配有名片，他就是不太会说话。他那句话的意思其实就是：'金教授，像你这种大有名气的人就不需要名片了。'"

我嘴上当时对他说："你一边待着去！"

说是这么说，听到此种解释，我的心里还是非常愉快的。

谁不愿意自己被别人欣赏！同样是说一句话，你干吗说得让别人不高兴呢？我反复讲，善待别人，就是善待自己。它其实是一种互动的关系。

在日常工作和交往中，从交际礼仪的角度来讲，有一些细节你一定要注意。比如，当你和外人打交道时，就要知己知彼，对对方的名字、头衔、单位等等都要清楚，并要牢记不忘。

有一次，我把自己的一张名片递给一位老兄。上面写得很清楚：中国人民大学金正昆教授。那老兄当时看了它一眼，也不知道他认真看了没有，因为他随后就说："同志们，很高兴地向你们介绍清华的高教授。"把我吓一跳，我以为自己后面还有一个老高，而实际上现场当时只有我一个是外人。

你要把我调到清华去，我也很荣幸，清华跟我所在的人大一样，都算一流院校，但是你干吗让我姓高啊？显而易见，你对我不够尊重。但凡有经验的人都知道，你如果把别人的名字和头衔搞错了，便是失敬于对方。对此不仅不能够搞错，而且不能写错、不能记错、不能念错。有的时候你可以采用一些技巧，举个简单的例子：

我跟我太太去参加一个活动，那边过来一位男士跟我打招呼："金教授你好。"

突然想起来了，这个人我见过，但是他叫什么名字我给忘了。

我要足够有交际经验的话，我会这样做："哎哟，先生你好，非常高兴能见到你，介绍一下，这位是我太太，她叫某某某。"

将欲取之，必先予之。我把我老婆的名字先跟他说了，他自己按照常理随后就该自报家门了："哎哟，夫人你好，我叫李军，我是金教授的朋友。"

假使别人一见到你就好心好意地问候："金教授你好。"你却问对方："你是谁？"是不是觉得不太合适？那种表现就是不重视别人。当然你记不住对方姓名时，也有一些技巧可循。比如说我叫金正昆，下次您见了我，您把我的名字忘得差不多了，那你叫我金教授。有同志说，你姓什么也忘了，那您还可以再次偷工减料，你叫我教授。有同志说，什么都忘了，就觉得认识你，脸熟，但是在哪儿见过忘了。那你还有两个办法：第一个办法，你就干脆当做不认识我，你别在那儿贼眉鼠眼地与别人小声议论："那个家伙是谁？忘了他的姓名了。"是不是让我听见不大好？第二个办法，就是你跟我点个头，笑笑，打个招呼就过去了，别的不要乱问、乱说。

有一次，我们全家到海口度假，到了那里的万绿园，很大一个公园，玩得挺高兴。我与老婆孩子一群人在那儿逛，后面一个女孩子突然高喊："王教授！王教授！"

我们家小侄儿比较淘气，他马上向我太太举报，说："有个美女在叫叔叔。"

我说："这儿人多了，教授不止你叔叔一个，继续前进。"

没想到那个女孩子还真是叫我的。她跑过来之后拉着我的手认真询问："王教授，你干吗不理我？"

"抱歉，"我说，"你认错人了，我姓金啊。"

她却说："没错！你姓王。"

她非让我姓王。害得我老婆晚上给我办"学习班"，让我交代冒名姓王在此地干过什么坏事，她的所作所为影响了我家的安定团结。

当然这是开玩笑了。我要说的是：你跟别人打交道时必须谨记，你重视别人，不是让别人尴尬和难堪，而是表示欣赏。举个例子，你跟金教授说："金教授，今天见到你非常高兴，以前看过您写的书。"这话我就挺高兴听。教授的书就跟他的孩子似的，您说您看过我的书，我就很有面子。当然我也是个俗人，我也会跟您应酬，我就会说："你多指教。"但我不会顺着杆爬："你到底看过哪本书？"没准别人跟你寒暄，你这样一问，他却忘了。或者说了一本不是你写的，大家都挺没面子的。我这个话说得刻薄了一点，我实际上就是在讲一条游戏规则，表达自己的善意，也要适可而止，过犹不及。

第三个 A，赞美对方。它的英文单词是：Admire，赞美。英文好的人知道，admire 这个词实际上是要你欣赏对方，以欣赏的态度去肯定对方。有一位哲学家说："一个真正有教养的人，从来都是一个虚心的人。"尺有所短，寸有所长。你看人看事，要想找毛病，实乃举手之劳。别说挑剔外人了，就是金教授现在讲的这堂课，你找出 10 个毛病是很容易的，这看你从什么角度讲。但是你要持一种欣赏的态度去找，我讲 20 分钟，我讲 50 分钟，你不可能什么都 accept，都接受我，但是总有一个角度或一句话对你有启迪吧。这样的话，你就是一种进步，就是一种视野的开阔，它叫做虚心。一个真正有教养的人，是善于虚心向别人学习的人。毛泽东曾教导过我们："虚心使人进步，骄傲使人落后。"

德国一家公司对员工有一项要求。说起来很有趣，它要求什么呢？它要求员工每天在工作岗位上要养成一个习惯，赞美自己所见到的第一个人。它的基本理念是什么呢？当你把快乐送给别人时，你令别人愉快，别人也会给你回馈，也会把快乐送给你。那样一来，大家都很开心，都很愉快。

这一做法是很有道理的。我喜欢讲一句话：肯定别人，实际上等于是肯定自己。你赞美别人，换上一个角度来讲，就是在赞美自己，说明你虚心、宽容，善于向别人取长补短。倒过来说，善于挑剔别人的人，实际上则是没有教养的人。我们讲了，"尺有所短，寸有所长"。你要进步的话，你就是要虚心，就要以别人之长，补己之短。你看书也好，看文章也好，存心要找毛病、找缺点太容易了，不可胜数了。真正有教养的人，是要宽容的。当然，你要赞美别人，还有一个角度的问题。

你赞美别人时假如忽略了下述几点，往往有可能弄巧成拙，画蛇添足。

第一个要点，实事求是。我们赞美别人也好，接受别人也好，肯定对方也好，实际上关注的必须是那种该肯定的、该赞美的地方，你不能赞美对方的缺点。比如，这个人长得很胖，那我们一般就不提这个词了，讳疾忌医，你别跟他说很肥。但是你也别"明知山有虎，偏向虎山行"，别去夸别人，你很苗条，那你骂谁？他明明不苗条，你非说他苗条，那就算不上赞美。我们如果说这个男人高大威猛，在咱们北京地区，说他高大威猛身高怎么也得过1米7吧。各位，我的标准是不是不高啊？别人1米6的个子，你上来说他高大威猛，你骂谁啊？你说这个女同志，北京的一个女孩，小姑娘，你说她苗条，体重怎么也

71

得低于130斤吧？我这标准也不是太高啊？她要是体重140斤，你说她很苗条，那你不是讽刺别人吗？总之，你得实事求是。你要赞美人，具体所提及的应该是那种相对标准下的优点和长处。

  第二个要点，夸到点子上。赞美别人时，你别南辕北辙了，这也很重要。举一个例子，中国人对下一代都非常看重。现在都只生一个，家里刚刚生了宝宝，这宝宝过了百天了，抱出来，给邻居看。说实话，那小孩没什么太出众的模样。他可能眼都睁不开，脸上全是褶子。别人问："你看我们家宝宝怎么样？"谁不说咱自己家孩子好？！此刻，你就得接受别人、得肯定别人，而且得赞美别人。"哎呀，长得真好，大气，富态。"其实这都是没有什么标准的词。这种事你不能太较真。可真有同志跟别人胡说："哎哟，长得跟剥皮耗子似的，跟小老头似的。"小宝宝大部分也就那样了。你这样说，肯定会让别人不爽。我夸别人孩子时，我就喜欢说："你看这孩子长得真好，比爹妈都漂亮。"他的爹妈就爱听。你夸人得夸到点子上，你得夸到别人认为的那个长处上去。比如，金教授写了好几本书，金教授认为这本是写得最好的书，你要夸到这本书，我就很来劲。但是如果是我认为我写得最不好的那本书被你拿出来夸："金教授这是你写得最棒的书！"我往往会不高兴。我会想：这家伙是真夸我还是讽刺我？

  有一次，我到一家单位去讲课。走的时候，单位领导陪着我上电梯，一个同志主动赶过来夸我来了。这个大家都有经验，领导陪着客人上电梯，一般同志是不进去的，那个同志却好心好意过来跟我握手，说："金教授，感谢你。"

我说："感谢我什么？"

他说："现在我们单位非常重视培训，常请你们这种专家名人来讲课。跟你说实话，我一般也就凑个数，领导一点卯走人，我也就颠了。今天你讲得真好，三个小时不知不觉就过去了。在中间休息时，我还打电话把我老婆叫来听，因为老婆在外贸公司，您讲的这套对她也很有用。"

说话宜适可而止，他说这两句我也就满足了，我挺高兴，挺有面子的。他下面的话就画蛇添足了，他接着跟领导说："头儿，你说金教授讲得怎么样？我说实话，听了这么多次培训，从来没见过像老金这么能吹的。"

原来，在他眼里，我是在吹！他接着跟我建议："金教授，你以后就别在大学当老师了，你到中央电视台操练相声去吧。你比那个谁谁谁都强多了，你完全可以上春节晚会。"

当然了，我是一个有教养的人。别人对我是好心，这就足够了。咱们没必要跟别人较真，但当时我很想跟他说："你夸金教授这种人，你的套数不对。"学者、专家之类的人喜欢雅致一些，你不能让他往通俗文艺那个档次走。你应该说："金教授，你讲得很生动，很形象，既有理论，又有实践。不仅贴近生活，而且发人深省。金教授，你讲的对我们太有帮助了。"不愿意说这么多的话，你至少应该说：

"老金，你讲得很幽默。"我当时想要的他都不给我，所以我特失落。

———————⊱⊱❦⊰⊰———————

我们刚才全面地讲授了三A法则，即在人际交往中要接受别人、重视别人、赞美别人。应该说，这些都是我们向别人表达善意的可操作技巧。倘若我们的观众或读者，能够在日常交往中，尤其是在和外人打交道时，照此办理，按照这个法则去做，就会比较容易被别人所理解和接受。

三A法则对我们在人际交往中成为受欢迎的人，是大有补益的。倘若你在人际交往中注意这样的有效沟通，将使你更好地被交往对象所接受，将使你成为更加受别人欢迎的人，将有助于你在人际交往中建构良好的个人形象！

第 3 篇

仪表礼仪

契诃夫曾经说，人的一切都应该是美好的。美的心灵，美的仪表，美的语言，美的服饰。美丽的人，必须表里如一。一个人仅仅徒有其表是不够的，但其仪表不修饰，或者修饰不规范也是不可以的。在日常交往和工作中，我们说到某人的时候，比如说到金教授，立刻就会形成一个对方仪表的概念。什么是仪表？仪表者，外观也。我们提到某人的仪表，通常指的就是这个人的外部轮廓、容貌、表情、举止、服饰所留给我们的总体印象。

具体而论，一个人的仪表由两个部分所构成：第一个部分，可以说它是静态的。比如，高矮胖瘦、年龄状态，相对而言，在某一个时间之内它们不会突变。你是男的就是男的，你是女的就是女的，老人就是老人，孩子就是孩子，胖就是胖，瘦就是瘦，这些都是静态的。长胡子没有？头发长头发短？黑的还是白的？这些都是静态的。第二个部分，则可以说它是动态的。它主要指的是一个人的举止和表情。比如，平常我们说这个人很木，表情呆板、呆滞；我们说那个人活泼大方，表情比较和善。这样的问题都是动态的。

有一天早上，我在餐厅里面吃自助餐。我估计那个餐厅的服务员也是刚参加工作的人，没有经验，他过来用手指一个人一个人地指点着数数，大概怕我们有人混进来蒙吃。他在认真地计数：一个，两个，三个……

我问他："你数鸡呢？"

他问："怎么呢？"

我说："数人哪有这么数的？这叫指教，和别人说话拿手指指点别人，是非常不礼貌的。老师讲课可以指，但那是空指，不能实指。指着别人身体，有教训之嫌；指着别人鼻子和头部，则有侮辱之意。"

他问："那要怎么指？"

我说："你应该掌心向上，手指并拢，手掌水平移动，指尖不要指向他人的身体，那样就比较好看。当然，你也别上下晃动手指，那是挑动别人找你练练。"

你说你的表情是不是要活泼点？我刚才所讲的动态的表情和举止有时候很重要。

––––––––––––––––––––

谈到仪表礼仪，总体上有三条规则是非常重要的。

第一条规则，要整洁。做事的时候，你的仪表要不整洁，就比较麻烦。比如，一个男同志，穿的西装很讲究，颜色搭配很好，但若头上头屑不断，胡子拉里拉碴，手指伸出来上面指甲缝里全是污垢油泥，往别人身边一站，跟垃圾箱似的，味儿比较厚，别人会对他有好的看法吗？

第二条规则，要自然。仪表一定要自然。不自然的话，往往便会给人以矫揉造作之意。

有一天，我太太的一位女同事到我家串门。那位女同事来的不是时候，我太太不在。我也很实在，我挺忙的，我就跟她说："我给你两个选择，我老婆半个小时以后回来，你愿意在我们家等也行，半小时之后再来也行。"

其实，我是想变相拒绝她。

但那个女孩很大方，她说："老金，你赶我走，但我不走。"

我没别的好说了，我说："那你就进来等吧。"

当然她进来等，我就得陪着她聊天。她坐我对面了。这女同志我只见过一次，但是我这个人还是比较喜欢注意人的轮廓和造型的，我总觉得她这次坐在我对面跟上次见面时不太一样。我就过多地关注了她几眼。

那女孩很聪明，她马上问我："老金，你看我这样子，是不是跟上次见你时不太一样？"

我说："那倒也是。"

她说："你看我跟上次哪儿不太一样了？"

我说："我跟你说实话，我老婆不在，不敢多看。"

她说："没事，我授权了，你大胆地看吧。"

我心里想：那谁怕谁啊？看就看呗！我看了半天，还是没发现她具体上是什么地方变了。

她很大方，她告诉我说："我跟你直说吧，我把眉毛全给剃了。"

我就是觉得她脸上少点什么东西，但没想到她把眉毛全给剃了。

说实话，女同志头发短点可以，男人头发长点也可以，但总有个界限你不能越过了。比如，女同志头发最短不能为零，你又没出家。演员有时候有那么一个造型还行，女同志把头发给弄光了，可就不太像女人了。同样的道理，一个男人，尤其是国家公务员、公司企业员工，一般不能留长发。留长发的人都不是一般人，那是歌星、影星、球星。他们比较另类，他们打扮的造型与众不同，是为了吸引观众的注意。

第三条规则，要互动。什么是互动？就是你的美化、你的修饰，一定要被交往对象接受。

有一次到一家企业去，一个女同志问我："金教授，你看我们这儿接待方面有什么不妥？我们这儿是窗口部门。"

我说："我好为人师，你们别的问题没有，就是不太会笑。不太会笑，就会给别人不太大方、不太互动的感觉。"

她问："怎么不会笑？"

我说："我给你举两条例子，第一，我到你这儿来了，你跟我说欢迎，说欢迎的时候你得看着我。银行也好，酒店也好，餐厅也好，说欢迎的时候都得看着人家。"

当时，她对我说了好几声什么"欢迎""谢谢"之类的礼貌用语，但她从头到尾不看着我。我跟她说："你应该看着我，这叫目中有人，因为我也是个活物。"

我接着说："第二，我觉得你们的接待人员有些呆板。你们这儿的女孩子不大方，缺少训练。"

她问："你凭什么看出我们不大方啊？"

我说："有人不会笑。"

当时我跟一个女孩子说一个什么事，把给她逗笑了。她掩口而笑，嘿嘿，嘿嘿。

我说："她再拿块手帕就可以去演古装戏了。"

那是女人在男人面前娇羞的笑。说实话，她不大方，那是帮男人找感觉地笑。徐志摩诗云："最是那一低头的娇羞，像一朵水莲花一样不胜的温柔。"在工作场合里，你是在服务，你就得大方一点。

当然，职业化微笑亦有其规则。职业化微笑一般要求露出六颗牙齿。那位小妹很认真地问我，她说："金教授，是不是要露出上面三个、下面三个？"我说："那不可能，那是流氓兔啊。"我们的牙齿是双数，不可能露出三缺一啊？实际上是要你露出上面的六颗牙齿。我说："你要不相信，回家你照镜子试试，你刷牙、洗脸时照镜子试试，你的牙齿如果不是畸形，你露出六颗牙齿，你的表情就是自然而然的笑。"老百姓不一定懂这个，这个其实从解剖学来说是笑肌拉动的问题。它就是一种十分自然的微笑，老百姓不懂这个，但是老百姓平时有绝活，照相的时候他说茄子，实际上就是要露六颗牙齿。当然你做事不能过了，你不可能上下各露六个牙齿。上下各露六个牙齿，牙龈全露出来了，会让别人做噩梦。

———————◇∞◇———————

下面我分别来讲讲，大家在学习仪表礼仪时所需要注意的具体要点。仪表礼仪其实主要包括以下几个具体要点：

第一，要注意修饰。

第二，要注意化妆。

第三，要注意举止。

第四，要注意表情。

首先，来讲讲容貌的修饰。仪表礼仪的第一个问题讲的就是容貌的修饰。我们有一个比较专业的词，写到纸上好看，说出来有点不中听，叫仪容。仪容是什么呢？就是一个人的面容，就是看一个人的面部。比如说，徐静蕾长得好看，赵薇长得好看，章子怡长得好看，周迅长得好看，我们说别人好看不好看，其实都是以他的脸部为主来进行评价的。我们很少说某人长得最好看的是小脚趾头，某人长得最好看的是大拇指。其实，男人女人你说他好不好看，都是讲的容貌。容貌者，其实就是脸部这一块儿。我们看一个人，他在正式场合出来时其仪容是比较重要的。

一般而论，仪容的主要修饰要点有这么几个：

其一，发型。

其二，面部。

其三，口部。

还有一个跟容貌比较搭界的，就是手部。因为手经常要动，有时候动不动它就跑到脸这个位置来了，所以它实际上也是仪容的一个组成部分。

发型的修饰，最重要的要注意什么呢？ 就是要整洁，规范，长度适中，款式适合自己。比如头发，你要常洗，要常理。条件允许的话，你的头发应该至少要一天洗一次。此外，头发应定期修剪。头发长度有其具体要求，比如你在重要的工作场合，男同志的头发一般不能剃光了，同时也不要太长。标准化的要求是：前发不附额，不要挡住额头，男人别搞刘海；侧发不掩耳，两边头发不要挡住耳朵；后发不及领，后面的头发不要碰到衬衣的领子。否则你穿白衬衫，头发动辄碰到领子，后者就容易脏。一般来讲，重要场合女同志需要注意什么呢？工作场合、重要场合，女同志的头发不要随便让它披散过肩，那不太合适。长发不宜过肩。如果你要留长发的话，上班的时候、重要的场合，最好把自己的头发束起来，编起辫子，用卡子或者发箍把它收拾收拾，不要随意散开。一个女人拥有一头飘逸的长发，便极富有女人的魅力。你自己可能不知道，那是年轻女人的标志。你在这儿若无其事地一甩长发，没准把附近的某个兄弟就搞晕了。那叫搔首弄姿，搞不好别人说你是在采用不正当竞争手段。同时还要注意什么呢？工作场合的发型应该是适合自己的。企业员工、国家公务员，发型上一般要求庄重保守。你不能过分时尚，说个难听的，你打扮得比你的服务对象还漂亮，谁伺候谁啊？这个一定要强调。

面部修饰要注意什么呢？ 面部修饰最重要的是，除了整洁之外，面部多余的毛发你要注意。有人说你不是讲头发吗？此外什么地方还有毛发？有这么几个地方要注意：第一，胡子。第二，鼻毛和耳毛。一个人在正常情况下会有一些毛发，除了头发之外，它还是不让别人看到比较好。没有特殊的宗教信仰和民族习惯，不要留胡子。要养成每日剃须的习惯。你别三天打鱼两天晒网，胡子拉里拉碴，确实有时候给别人蓬头垢面之感。特别要强调的是我们上了年纪的同志，尤其男同志，一定要注意鼻孔，注意耳朵。我曾讲过，男人的鼻毛若长出鼻孔之外，极其破坏自己的形象。别人往你侧面一站，其耳孔里面一撮毛在随风飘摇，一看鼻子，有一根毛在外面，上面还有一个珠珠，这个必定会影响本人形象。鼻毛和耳毛要适时地加以修剪。

口部要注意什么呢？ 从仪表修饰这个角度来讲，口部要力求无异味，无异物。我们跟一个人说话的时候，看这个人最多的地方，当属头发，眼睛，嘴巴。通常看一个人时，我们是看其鼻眼三角区——头发以下、下巴以上。我们要养成什么习惯呢？吃完饭之后要及时刷牙，及时照照镜子。说实话，别人跟你一说话，若发现你的嘴巴桃红柳绿，这边牙缝里塞一根韭菜，那边贴着半个虾米皮，这种尊容肯定不太好看。特别要注意，如果你是搞服务工作的，搞接待工作的，或者到社交场合去，跳舞啊，赴宴啊，不要吃带有过分刺激性气味的食物，比如葱，吃了之后，五六个小时之内你就是葱；那蒜呢？其气味没葱厉害，但是它的后劲比较足；后劲最足的是韭菜，它可持续发挥。今晚你吃过韭菜馅水饺，明天下午打上一个嗝还能把别人放倒。如果是有良好教养的人，你到公众场合去，就不要让别人因此而受折磨了。

其次，我们要强调的是化妆的问题。 有些人跟我说，化妆是女人的事。还有女同志讲，化妆是年轻姑娘的事。并不一定，关键看你对化妆怎么理解。严格地讲，在交往应酬中，化妆是一种礼貌。什么是化妆？化妆就是使用化妆品进行自我修饰。严格地讲，男人也好，女人也好，老人也好，孩子也好，我们都是使用化妆品的。化妆品主要有这么几类：第一类，美容的。它主要是女同志用的，唇彩呀，甲彩啊，胭脂啊，睫毛膏啊，诸如此类。这些女人用得比较多，当然男人也用，金教授我今天化妆不就用了吗？我小时候打架眉毛少了一块，我刚才录电视节目前跟化妆师说：你把我眉毛补上，否则我这儿秃，它不就是一种修饰吗？但是一般女人用美容品比较多，所以有的同志理解化妆就是美容，这是比较狭义的。第二类，美发的。无论男人女人都要洗头发、剪头发、理头发、梳头发、烫头发、染头发、做头发。所以这个美发其实也是化妆，你不可能一辈子不剪一次头发，除非你天生没有。所以从这个意义上，男人女人都在化妆。第三类，护肤的。男女都会护肤的。在现代生活中，护肤品的种类多了，我小时候有什么？蛤蜊油，天冷，怕皴，这么一抹就完了。现在，各种各样的脂、粉、油、水、蜜、乳、霜、膏，养颜的、祛斑的、除皱的、防晒的、SOD 的，都有，我们多少都会使用其中一种。第四类，除味的。它会把你身上的各种异味、怪味给去掉。比如，香水、香粉、爽口液，诸如此类。换而言之，以上这四种美容品、美发品、护肤品、除味品，你若使用了一种，你就算是化妆了。在这个意义上，我们每个人其实都是化妆了。

在此主要跟各位谈谈化妆的基本礼仪。我想讲以下三点。

第一，化妆要自然。我们若不是去上电视做节目，不是去舞台表演的话，通常就没有必要搞舞台妆。个别同志有个误会，他认为，既然化了妆，就得让别人知道。比如，涂香水实际上是要避免在公众场合自己身上汗味太重，或者有其他味道令人难闻。因此你没必要涂得太多，你适当地喷洒一点，交际圈一米两米之内，大家觉得这个味道有点芬芳也就足够了。有人拿起香水瓶狂喷，把自己搞得好像一盘大蚊香一样。这样过量地用，会让别人产生弄巧成拙的感觉，会让别人怀疑此人必有狐臭，不然干吗这么香啊？"清水出芙蓉，天然去雕饰！"化妆的基本要求是自然。比如，在工作场合对职业妇女是有化妆要求的。特别是酒店、商场、餐馆这样一些部门的职业妇女往往必须化妆。其基本要求是八个字：化妆上岗、淡妆上岗。即要化妆，化淡妆。淡妆的要求是什么？化妆之后，自然而然，没有痕迹，让别人觉得你天生如此的美丽，那才是水准。

第二，化妆要协调。所谓化妆协调实际上是指以下三个具体方面的协调：

其一，使用的化妆品最好要成系列。在现实生活里，我们有些同志往往做不到。像她用的那个香水，老公从香港买来的，合成香型；洗发液，单位发的，茉莉香型；洗面奶，超市买的，檀香型；漱口水，在街上被派送的，不知道香型。四种东西用到一块儿？什么香型？没准成了菜园子香型。它们彼此之间串味了！其实你的化妆品要是同一个系列的话，它们芬芳的香味往往是一个味道的，那就不至于串味。

其二，化妆的各个部位要协调。比如，你使用甲彩，手指甲上面涂彩色指甲油，我们叫甲彩，老百姓则叫指甲油。这个甲彩的颜色最好跟唇彩是一个颜色。如果我脚指甲上也涂指甲油了，那我应当使之与手指甲上也同为一色。例如是紫红的都是紫红的，是黑的都是黑的。它们就比较好看，比较协调。但是我也注意到，有的同志一看，我们就说这个人没文化，为什么？化了妆的她嘴巴是黑的，手指甲是绿的，脚指甲是蓝的，像是妖怪。总之，化妆时各个部位协调一下会比较好看。

其三，要与自己的服饰相协调。比如，夏天，女同志有的时候内衣外穿，内衣外面罩上套装或者套裙的上衣，或者穿漂亮的真丝的亚麻的衬衫。女同志都知道，她如果围围巾，或者内衣外穿的话，她内衣的颜色，围巾的颜色最好跟唇彩一个颜色，这样就会比较好看，过渡自然。你去看一个女同志，化过工作妆、职业妆的人，她会不会化妆，你看她的唇彩的颜色就可以看出来。比如，我这是件粉色的衬衫、粉色的围巾，唇彩也是粉色的，那就非常协调。唇彩是个粉的，衬衫的领子却是蓝的，反差太大了，它的过渡不好看，不协调。这就是化妆的第二个规则，协调。和谐就是美。

第三，化妆要避人。什么意思啊？化妆也好，收拾自己也好，都不要当众表演。化妆是一种个人隐私行为，你在别人面前表演，便有引人注目之嫌。我们有个别同志不太注意，上班、开会，没事了，等公共汽车，都会拿出小镜子美化自己。"当窗理云鬓，对镜贴花黄。"其实她是不自觉的。一个聪明的女同志，不要说不在大庭广众之前去化妆，在男朋友，或者在老公面前化妆也大可不必。你在别人面前旁若无人地去收拾自己，你被他发现你漂亮起来的秘密，你的美便会打折的。他心里会说："原来如此！"真的可能影响你光辉形象，所以聪明女人不在别人面前换衣服，穿袜子，化妆，补妆，老公也包括在内，他也是外人，该见外就要见外。距离产生美感。

再次，不能回避的是举止动作问题。古人云："腹有诗书气自华。"一个人举止动作，实际上事关其教养、风度和魅力。什么是风度？风度，就是一个人优雅的举止。什么是魅力？魅力就是一个人美妙而自然的造型。我们看男人、看女人，看同性、看异性，有时会觉得：这个人很有风度，那个人很有魅力，为什么？因为他大气，他自然，他耐人寻味。

我们举一个例子，你是一个女同志也好，你是一个男同志也好，你都要站有站相，坐有坐相，这是常规。你坐在别人面前的时候，如果你是个女同志，你穿着裙子，你就要避免以下三种不美妙的造型。哪个女同志要对这三点不注意，你的样子就很难看。其一，不能够双腿叉开而站。你穿着旗袍裙、长裙子，你腿叉开不叉开别人发现不了，你穿超短裙时叉着腿，便没有美感可言，那叫圆规。其二，你坐在别人对面的话，两条腿就要自然而然地并拢。你要穿裤装的话，双腿稍微分开点可以，你要穿裙子，尤其是超短裙，你两条腿就得并拢，否则会出现严重的技术性问题：走光。其三，不能够当众下蹲。你穿着裙子也好、穿着裤子也好，

一个有教养的女同志是不能当众蹲下来的，尤其在外人面前，不可以下蹲。万不得已要蹲，我们只能够跪着或者背对着别人下蹲。有时候你要找东西、系鞋带、提袜子、帮助小朋友，那你就得背对着别人下蹲，否则其姿势是极其不雅的。

在讲到举止的时候，我们要讲以下三个要点，这些都是基本的礼仪规范。

第一，要美观。虽然美的标准在不同时代会有一点点变化，但是相对而言，它有约定俗成的说法。我国古人讲过几句话：站如松，坐如钟，卧如弓，行如风。实际上是讲约定俗成的举止美。女同志也好，男同志也好，你坐在别人对面，你至少上身要挺直，你上身要趴着行吗？没有人的时候你趴着可以，有人的话趴着就不美观了。

第二，要规范。一般而言，你的坐相、站相、手姿、走姿，都要比较规矩。大家注意过穿裙子的女同志上下轿车的姿势吗？当然，没有外人在场的时候，咱怎么上车都行，摸爬滚打练倒立都可以。但是，你到一个单位开会，有人接你；或者说你到一个单位去，你上车别人送你；有经验的穿裙子的女同志都知道，她要坐在轿车里的位置上的话，门打开后她应该怎么坐？标准的方法是：她首先是背对车门，先坐下去，坐下去之后再把并拢的两条腿收进去。她不该先伸一条腿进去，那很麻烦的。门儿一打开，你一条腿伸进来，容易出现走光的问题。司机在看你进来没有。她背对着就看不见，她的两条腿要并拢收上来。下车时她怎么下呢？下车的标准姿势是：车门打开之后，两只脚首先着地，双腿并拢，两只脚着地，然后人再慢慢移出去。否则一只脚探出去，头再拱出去，那些姿势都不好，而且会有麻烦。所以要养成习惯，举止动作在大庭广众之前一定要规范。

第三，要从众。从众，具体来说，就是要令自己的举止动作与此时此刻绝大多数的人，尤其是与自己的交往对象保持一致，从而被交往对象所理解和接受。举例而言，大家知道，大拇指与食指组成一个圆圈，也就是英文里的"OK"的姿势。它在英语国家里是同意的意思，可是这个姿势你要是给它换一个国家，比如，到地中海沿岸的国家，到日本，其含义就不同了。在日本，它表示一个零。

91

到地中海沿岸的一些国家则更麻烦了，它是一个很下流的动作。所以举止动作需要互动，它得让别人看懂。

再比如说握手，它有习惯动作。它的习惯动作是什么呢？一般握手要用右手，不用左手，除非没有右手。跟别人握手的时间，不能太长，也不能太短。有个别女同志的缺点是时间太短，个别男同志的缺点则是时间太长。个别女同志跟你握手时，不正眼看你，给你三个指头，不用力，不晃动，好像一条死鱼。还有的女同志好像怕你抓住她不放似的，一碰你的手就跑。要知道并没有人拉着你不放。男同志有时候则犯另外一个错误，他下手比较狠。女同志伸出一只手，他一下伸出两只手，做成一个汉堡包状，自以为是表示"见到你太高兴了"。这也不合适，凡事过犹不及，做事要有规矩。

再来举一个例子，从举止动作这个角度来讲，握手的时候谁先伸手谁后伸手有其讲究，我给我们电视机前的观众和现场的听众出个小问题，握手的时候应该谁先伸手？

它有具体而规范的游戏规则，游戏规则是什么？游戏规则是地位高的人首先伸手。比如，下级和上级在一起，上级首先伸手；晚辈和长辈在一起，长辈首先伸手；男人和女人在一起，女人首先伸手。比如，我介绍这位是李先生，这位是王小姐，后介绍的王小姐是地位高的，那么王小姐愿意跟李先生多说两句话，王小姐就会伸手，"你好，我叫王丽。"她可以自报家门，说明自己是什么单位的。她要不想认识这个李先生，我给他介绍："这个是李先生，这个是王小姐。"那时王小姐跟李先生点点头就行。"没有下文了，李先生就会适可而止。我见到过不自觉的男同志，别人介绍说："马先生，这一位是高小姐。"那位马先生一只大手立刻就伸出去了，当然，一般的女同志碰上这种不自觉的人还是会跟他握手的，顶多心里想这个家伙不太懂规矩。但是，有一次我见到一位小姐比较狠：人家两手搭着不理睬。抢先出手的那位先生的手回不去了，停了足有一分钟，想出一个绝活，"蚊子！"打一只莫须有的蚊子去了。结果挺尴尬。

这个规范有时候也有特殊情况。比如，主人和客人握手时，伸手的前后次序有其差异。在一般情况下，客人到达的时候，主人应该先伸手。客人到达的话，主人先伸手表示对客人是欢迎的意思。我跟你说："王阿姨，我来看你了。"我好心好意看你来了，你怎么也得伸个手表示欢迎啊。你说："来了，坐吧。"却不同我握手，那是让我吃闭门羹的意思。但是客人走的时候顺序是倒过来的。客人走的时候，是客人先伸手。我在你们家做客，我得自觉，我一看表，五点了，你们该做晚饭了，"王阿姨，再见，下次再来看你。"我说再见的时候，我便站起来先伸手，那意思就是阿姨你留步了，你别再送我了。我刚跟你说："阿姨，我要走了。"你立刻就伸手，并道一声"再见。"你的意思是滚蛋，让我别在你这儿混饭，你有逐客之意。

最后，我们所讲的是表情。表情者，人的面部感情的外现。严格地讲，一个人的表情，具体包括眼神、笑容、面部肌肉的动作。比如说，有时候眨眨眼，耸耸鼻子呀，嘴巴歪一歪啊，它们都有一定的含义。但是，一个人的表情主要是通过眼神和笑容体现出来的。关于此二者，以下我分别来谈一谈。

第一，谈一谈眼神。在日常交往中，我们务必要养成如下一个习惯，就是要注意四个字：目中有人。在日常工作和交往中，我们和别人交流的时候，要养成注视对方的习惯。你跟人说话，你跟别人说欢迎光临、说再见时，从头到尾不看别人一眼，别人是不高兴的。当然，进而言之，从礼仪的角度来讲，你看别人有三个角度：第一个角度，你看什么部位。第二个角度，你看的时间的长短。第三个角度，你从什么方向去看别人。此三者都很有讲究。在一般情况下，近距离交谈时，我们两个人之间有一米两米的距离，此刻宜看对方的眼睛或者头部。特别是当你面对异性的时候要养成习惯，通常不看中间，尤其应当不看下边，否则别人说你色迷。你跟一个男同志说话，你是一个女同志，这家伙放着你的头不看，他却看你别的地方，你会有什么感觉？肯定不舒服！所以跟人说话时，看别人的部位是有讲究的。

　　再者，你看别人的角度是有讲究的。有的同志看别人时有一个坏毛病，他不看你还好，他一看你就把你气个半死。他不正眼看你，而是用眼角斜视你。我们一定要养成习惯，当我们和别人说话的时候，要转过身来，正面面对别人。还有的同志更可恶，他对你的身体进行全方位激光扫描，好像怀疑你是一毛贼。你们每天上电梯的时候，如果遇到一个不认识的人这样扫视你，你什么感觉？坐电梯的人都知道，公用电梯里人比较多的话，进去之后应面对周围的电梯壁，或者脸朝里，你别去看随后进来的其他人。你想想，这个电梯里面全是老爷们，七八个，后来进来一个小妹，进去之后大家都这么看她，她什么感觉？它有时候是影响别人的感受的，所以你看别人的角度一定要讲究。

进而言之，你看别人时间的长短也有讲究。一眼不看别人，绝对失礼。长时间看着别人不动，没完没了也不行。心理学家告诉我们，当你和一个人交流的时候，你看着对方的时间应该是多长呢？1/3 到 2/3 的时间之内比较好。比如，你 10 分钟在这儿聊天，看对方应该是四到六分钟比较好。你要少于 1/3 的时间，会有蔑视和轻视之嫌。你要百分之百的时间都看着别人，则说明你看上这个人了。在什么情况下你要认真看着他呢？表示理解，表示支持，表示赞同，表示同意，表示认可，表示重视。比如你跟我说："金教授，您刚才讲的那个问题太重要了。"这时候你得看着我。你跟我讲："金教授，你讲的问题太重要了。"此时双眼却注视其他地方，难道你跟鬼说话呢？总之，眼神是很有意思的。眼能传神，眼也能走神。我们在人际交往中注重表情的时候，一定要注意眼神。

第二，谈一谈笑容。虽说笑比哭好，但你得注意，笑也有一个分寸。微笑，含笑，大笑，狂笑，冷笑，苦笑，它们的适用对象显然是不同的。在笑的时候，你最需要注意的是什么呢？四个字，当笑则笑。也就是讲：不该笑时你别笑。我很少把服务礼仪跟"微笑服务"这四个字挂钩，因为在很多情况下是不需要笑的。

假如我在银行工作，储户跟我讲："先生，不好意思，我麻烦你，我的存折丢了。我来挂失。"你此时如果微笑，等于表示："丢了吗，很好，欢迎。"那样就不太好。该笑再笑，我这儿过马路，今儿下雪了，一个老先生摔了一跤，我应该主动上去搀扶他，或者我表示一种关注的神态，那样做才比较好。老爷子摔那儿了，我不拉他，不扶他，却站在边儿上乐，那种表现是很不道德的。

　　总而言之，学习与运用仪表礼仪时，最重要的是要强调表里如一。徒有其表是不行的，但是只有内心的善和美，而没有外在美的表现也是不行的。宏观上来讲，我们强调一个人的仪表要自然，要规范，要协调，要美观。这些都是非常重要的。

第 4 篇

服饰礼仪

我们曾经强调：服饰在一个人的个人形象里居于重要地位。伟大的英国作家莎士比亚曾指出："一个人的穿着打扮，就是他的教养、品位、地位的最真实的写照。"在日常工作和交往中，尤其是在正规的场合，穿着打扮的问题正在越来越引起现代人的广泛重视。从这个意义上来说，服饰礼仪是人人皆须认真去考虑、去面对的问题。但是，目前仍有相当数量的同志在穿着打扮方面基本上还处于无师自通的状态。有鉴于此，我们有必要专门来谈谈服饰礼仪。

我是一个男人，我得先说说男人的问题，我想向我们在场的观众和电视机前的观众提这样一个问题：您认为一个男人打领带的时候最重要的礼仪问题是什么？

曾经有这么一句话：女人的时装永远少一件。女同志总觉得自己的衣服不够穿，时装总是少一件。同样的道理，男人的领带也永远少一条。在比较重要的场合，男人打领带是非常重要的一种礼貌。比如，在一般情况下男同志穿的西装、套装主要是蓝色、灰色的纯毛套装，这是一般意义上的上班装。上班装你没有必要天天换，你主要要换衬衫、换领带。一个男同志一个星期上五天班，他要足够聪明的话，他的领带最好每天换一条，那么他给别人的感觉就像是天天换衣服。

———— ❧ ————

打领带时，有些什么问题比较重要呢？最重要的是，与之配套的服装有讲究。金教授有一句很俗的话，穿套装的时候不打领带是不行的，像我现在所穿的是套装，那就一定要打领带。穿套装要没有领带，它就没味道。反过来说，不穿套装的时候，大可不必去打领带。一般同志会犯几个常识性错误，比如，我们经常见到同志穿短袖衬衫打领带。我想告诉大家：如果你穿的是短袖衬衫而不是制服的话，大可不必去打领带。短袖衬衫其实属于休闲装，从严格意义上讲，它跟背心、裤头儿差不多，你穿裤头儿、穿背心时会打领带吗？在行家眼里，你穿着短袖衬衫打领带的话，就会给别人煞有介事之感。有时候参加一些商务活动，我挺有点不爽。比如一个签字仪式，它在国际社会普遍受到重视，国外的客人来了，不管天气多热他们都是西服革履的，而我们这儿个别同志却怕热，给你穿件短袖衬衫、再打一条领带，真的会给人以不伦不类的感觉。

打领带时，还有很多其他的讲究。比如，领带的色彩有讲究，领带的面料有讲究，领带的款式也有讲究。如果不穿制服，最好不要打"一拉得"领带，就是带拉锁那种。穿制服的人用它配套，是为了省事。在正式场合，假如你穿一身高档的西装，把这一拉得领带一打，你的档次就下来了。因为那玩意档次不高，它是配套装制服的。再者，看一个男同志会不会打领带，以下两个细节很重要。第一个细节，你得注意领带的打法。前两年流行一种打法，叫做"男人的酒窝"。什么叫"男人的酒窝"？其实就是在领结下面压出一个槽来，你说是个坑也行，你说是个沟也行，它就是"男人的酒窝"。大家看电视，看新闻联播，你注意一下欧美的时尚人士，常常便是此种情形。其一，它时尚。其二，它等于变相告诉你，我打了一条高档领带。因为只有真丝领带的柔软度好，压的这个槽、这个坑才能坚持下去。你拿一条尼龙领带压个槽，一会儿它就弹回去了，它无法支撑下去。这些知识，最好有所了解。

有天一位同志过来跟我聊天，他问："金教授你比较忙吧？"

我说："我最近是比较忙。"

他说："你看你忙的，领带都没有打好。我来帮你吧。"

没想到他过来就把我领带上的那个精心打出来的"酒窝"给我灭了。

他认为我那是没有打好领带。

第二个细节，看你有没有使用领带夹。目前，时尚的人士一般是不用领带夹的。有些同志有个误区，他误认为打领带一定要用领带夹，其实大可不必。穿西装的时候，通常只有两种人才用领带夹。第一种人是谁呢？穿制服的人。工商、税务、警察、军人、空乘，你注意了吗？他们的领带夹都是统一制作的，上面带有标志，国徽、警徽、军徽、航空公司的标志。它是配套的，属于 CIS，即企业形象可识别系统。他的那个领带夹一夹，咱们就知道他们是干什么的。第二种人是谁呢？大人物——领导人、大老板，他们的应酬比较多。假设我现在陪着外商在一块儿吃饭，我是一位大人物的话，我就要使用领带夹。说实话，没有外商在场的时候，我喝汤怎么喝都行，我拿起碗来倒着喝都行。但有外商在场的时候，大庭广众之下不是得注意举止吗？我得拿一只调羹舀着喝。你想想，我拿调羹舀着喝的时候，我这儿是不是要夹领带夹？否则领带乱窜，我这儿喝汤呢，我没把领带夹住，一弯腰，你说谁先喝汤？领带。因此，领带夹是大人物用，穿制服的人用，一般人没必要用它。我想通过这个简单的例子讲服饰礼仪的一个重要特点，即规范性。

服饰，顾名思义可分作两块：服和饰。下面我拣要点来进行讲解。**首先，我来讲讲服的礼仪**。我们曾经指出：服装具有三个功能：第一个功能，重在实用。第二个功能，区别身份。第三个功能，表现品位。一般而论，服的礼仪主要有以下四个要点：

第一，符合身份。什么是符合身份呢？就是要为自己正确地进行自我定位。说俗了，男人要像男人，女人要像女人，孩子要像孩子，阿婆要像阿婆。我们经常见到这样的同志，其衣着老的不像老的，小的不像小的，有点画蛇添足。

假定我是一位 60 岁的老人，男同志，那我的穿着打扮就得注意，我不能穿一身童装、少年装。我穿一身童装简直就像蜡笔小新，它显然不合适。同样的道理，作为女同志，如果你六十多岁了还把自己打扮得像一名超龄小甜甜一样，也不太合适。因此，你的着装一定要注意符合身份。比如，我举一个例子，裙子一般都是女人穿的，男人是不可能穿裙子的。除非有一些商场服务生为了招揽客人，或极个别民族的特殊习惯，否则的话如果金教授我现在穿一条裙子上街去了，别人该怀疑这是男人吗？不正常。着装一定要注意符合身份。我们一般强调：男女之别，长幼之别，职业之别，身份之别，一个民族之别。着装时，一定要谨记上述五个有所区别。

　　第二，扬长避短。穿着打扮，在一般情况下都要注意扬长避短。我们每个人的身材都有优点，也有缺点。有的人胖，有的人瘦，有的人黑，有的人白，那你是不是需要注意扬长避短的问题？举一个最简单的例子，在一般情况下，工作场合我会穿蓝色的或者灰色的西装，它是经典的上班装。平时需要强调自己个性的话，我则喜欢穿咖啡色西装。哪天你要是在社交场合见到我，你会注意到，我一般穿咖啡色西装。大家有没有看过凤凰卫视的节目？凤凰卫视里面有一位著名主持人，很多人都知道他，窦文涛，一个帅哥。你注意到他的习惯了吗？他过去喜欢穿一个马甲，最近则改穿花衬衫了。在《锵锵三人行》节目里，连续两三年我记得他不断地换马甲，换花衬衫，那实际上是他的风格。但一定要注意，风格是风格，你还得扬长避短。比如，我脖子比较短，我就不宜穿高领衫，我应该去穿U领或者V领的服装，露出一段胸部，冒充脖子。我穿一个高领衫，我就没有脖子了。我腿长得比较粗短，我就尽量不穿超短裙，否则别人一看，那也叫腿？穿着打扮时一定要善于扬长避短。

　　第三，区分场合。在穿着打扮方面，我们会遇到一个非常复杂的问题，就是需要面对的场合多种多样。我们很多人都有一个小小的缺点，就是着装不分场合。比如，有的同志在上班的场合穿得非常不正规。你有没有见过这样的人，在机关也好，在公司也好，他穿得非常随便，拖鞋式凉鞋、露脚趾凉鞋、露脐装、超短裙、跨栏背心都穿进来了。显得很是有点不务正业的感觉。工作场合你就是要穿套装制服，以表示郑重其事，整齐划一，严肃认真。我们还有的同志犯另外一个错误，不该讲究的时候却又讲究了，逛八达岭去了，游颐和园去了，西服革履，套装套裙，有意思吗？没有意思！你穿高跟鞋爬八达岭长城，你上得去下不来，它有难度啊。着装一定要区分场合。从服饰礼仪的角度来讲，着装实际上存在下述三大场合。

其一，办公场合。办公场合，指的是我们上班的时间。它的基本要求是四个字：庄重保守。在办公场合随便穿是不行的，办公场合要求着装必须庄重保守。要穿什么？穿套装，穿套裙，穿制服。没有套装、套裙和制服的话，则要穿长袖衬衫、长裤、长裙，这样才显得你郑重其事。换言之，办公场合穿时装、穿休闲装都非常不合适，这个一定要讲究讲究。

其二，社交场合。社交场合，指的是工作之余的交往应酬的时间，也就是下了班之后跟朋友跟熟人在一块交际应酬的时间。比如，宴会、舞会、音乐会、聚会、串门，都是典型的社交应酬。自己一个人独自吃饭那叫吃饭，和朋友在一块儿吃饭则叫宴请，宴请实际上就是交往应酬。社交场合着装的基本要求是什么呢？四个字：时尚个性。如果说工作场合不能时髦、不讲个性的话，那么社交场合就是要求时髦个性。要穿什么衣服？穿时装，穿礼服，穿具有民族特色的服装。说实话，西方男人穿的礼服——燕尾服，并不太适合我这种身材，燕尾服它是倒梯形的造型，适合肩膀比较宽大的人，中国人的身材一般是 H 型，不像他们，他们的肩比较宽广。所以我置身于社交场合时，比较喜欢穿我们自己的中式服装，中山装，唐装，甚至穿对襟的袄之类的，它们比较合适我。

社交场合的服装，通常都讲究个性化。我给大家讲两个例子：

我有一名外国的学生，20世纪90年代中期要毕业前，到我家来看我，跟我聊天。聊着聊着，他突然就跟我说："金教授，毕业之际想跟你要件礼物，作为纪念。"

我带过不少留学生，从未有一个人张嘴问我要过东西，我很吃惊。我咬牙切齿地想了想，就跟他说："承蒙你抬举看得起我，你金教授家房子不小，可是里面值钱的东西没几个，你要看得上，我也就不客气了，除了老婆、孩子，看上什么你就拿什么。但限拿一件，不能多拿。"

你猜他看上什么了？当时我在部队大院里住。他到我家来，我也不跟他见外，熟人嘛。我穿的是军裤、老头衫，天热。他看上我那条军裤了，他说他想要这个。我挺高兴，我说："那就给你，给你弄一条新的，再送你一件军褂要吗？现役军人的那种军服咱不敢要，以前的那种老式军装，淘汰的那种我有，你要吗？"

他说："要。"

我问："军用腰带呢？"

他都要，都拿走了。第二天，他们的同学向我举报，说他穿着我送的那一身行头跑天安门拍照去了。他觉得那样子很酷，他其实追求的就是有个性。

我跟外国朋友打交道时，我喜欢送民族服装给对方作为礼物。送一身扎染的服装，送一件真丝的衬衫，都很有特色。

我有一位朋友在外地的一个地方当县长。有一天来了一位外商，跟他们那儿一个企业家谈生意，非要见见县长。国家扶植民营企业，县长听说企业提这个要求也就去了。本来县长在农田基本建设工地上，穿得比较随便，一件夹克衫而已。结果上了车才突然想起来，来不及换西装了。时间有限，外商要赶飞机。县长就盯上他的司机了，看上了司机穿的的卡中山装。他就问对方："你身高多少？"

司机答："1 米 74。"

"腰围多少？"

"二尺五。"

"行，咱俩身材一样。把车停一边，咱俩换了。"

他在车上就把司机的卡中山装给穿到自己的身上去了。车内比较狭窄，扣子都没系好。大概就是第一个扣系第二个眼儿去了，还

有口袋盖一个在里面一个在外面。

他到达后，跟那个外国客人谈了一个多小时，那粒扣子始终系错一眼儿，而且一个口袋盖在里面另一个在外面，但无人察觉。

走的时候，外商跟他说："哎呀！领导啊，感谢你来见我。第一，说明你这个领导支持这个企业。第二，从你这里，我还学会了怎么穿中山装了。"

这位领导此时才发现自己的问题。对方为什么这样说呢？因为它是我们自己的服装，中式服装、民族服装。我要怎么穿就怎么穿，它的个性与特色只有我们才明白。

个别中国人为什么穿西装、穿套裙时看着不太顺眼呢？他不会穿。你穿自己的服装时，其实最拿得准了，你有数，你有经验。所以，在社交场合穿礼服、时装、民族特色的服装是最佳的选择。在社交场合里，最不该穿的衣服就是制服了。

其三，休闲场合。什么是休闲呢？休闲的场合指的是工作之余个人活动的时间。它指的大概包括如下这几种情况：第一，在家睡觉。第二，健身运动。第三，观光游览。第四，逛街购物。这样一些场合，我们把它叫作休闲的场合。这个场合穿着打扮的基本要求是什么呢？四个字：舒适自然。用我的话来讲，只要没有违反法律，只要没有违背伦理道德，只要没有影响安定团结，只要没有有碍个人的身体健康，自己完全可以随便穿。这是最不该讲究穿着打扮的地方了。穿裤衩、背心、牛仔、夹克、拖鞋、凉鞋、光大脚丫子，都可以随你的便。可是，我们经常有同志出洋相。我有一次到美国参加学术会议，一位美国友人就跟我讲，说："在我们这儿的街头巷尾见到穿西装、打领带的人，都是你们那里来的。"把我气坏了，当然这种人是个别人，可是你到国际交往中被别人看到了，影响形象。

总而言之，着装要区别场合！公务场合，讲究庄重保守。社交场合，讲究时尚个性。休闲场合，则讲究舒适自然。

第四，遵守常规。有关着装的约定俗成的规矩，你一定要自觉遵守。下面，分别跟大家讲讲穿西装和职场着装的规则。我在前面已经讲了一些，但有关要点一定还要讲讲。有些规则你是要注意的，譬如，西装上衣下面这两个口袋，有经验的人知道，这两个口袋里是不能放任何东西的。聪明的人西装买来之后那两个口袋的线都不要拆开，不拆开谁能放东西。我们有的老兄，一看就比较老土，两个口袋都塞满了东西：这边一盒香烟，那边一串钥匙，跟开杂货铺似的，影响西装的整体造型。

穿西装最重要的游戏规则，我们把它叫做三个三。为什么叫三个三？因为有三个问题需要注意，每个问题里都有个三字，所以叫三个三。哪三个三？

第一个"三"，三色原则。讲究的男人都知道，穿西装的时候，全身的颜色是不能多于三种的。包括上衣、下衣、衬衫、领带、鞋子、袜子在内，全身的颜色应该被限定在三种之内，此即三色原则。

第二个"三"，三一定律。什么叫三一定律？你穿西装、套装外出的时候，鞋子、腰带、公文包应为同一颜色，而且首选黑色。此点男女有别。男人其实在服装方面可选择的余地比较小，不像女同志，漂亮衣服全是你们的，我们有什么选的？也就是西装、夹克、牛仔，一个扣、两个扣、三个扣、没扣，黑的、灰的、蓝的。所以男人强调的是细节。大家知道，女人穿流行，男人穿品牌。前者追求时尚，后者则关注档次。要把有档次的服装穿出档次来，诸如三一定律这样的搭配技巧显然不可不知。

第三个"三"，三大错误。穿西装时，有三种错误是不能犯的。第一个错误，袖子上的商标没有拆。买了西装之后，商标是一定要拆掉的，以说明西装被启用了。如果商标不拆，便有画蛇添足之感。第二个错误，在非常重要的场合，尤其是国际交往中，穿夹克或短袖衬衫打领带。这个不太合适。穿夹克、穿短袖衫打领带，自己人内部活动还算可以，对外交流则不够正式。第三个错误，袜子出现问题。重要的场合，白色的袜子和尼龙丝袜都是不能和西装搭配的。这些都是穿西装的基本规则。

我们再来谈谈职业场合着装的禁忌。在职业场合里，男人也好，女人也好，其着装有六大禁忌。

禁忌之一，过分杂乱。在职业场合，切勿乱穿。比如，有同志穿了一身很高档的套装或套裙，一看就是职业装，可你总觉得她不够味。为什么呢？凤凰头、扫帚脚。有的男同志穿西装时脚上却穿一双布鞋。

那天我问一个老兄，我说："你怎么穿西装时配了一双布鞋啊？"

他告诉我："舒服。"

我说："你穿着舒服，我们却看着不舒服啊。"

也有个别女同志这样：穿很高档的套裙时，却光脚丫子穿双露脚趾的凉鞋，显然很不合适。重要场合需要注意，穿套装、套裙时要穿制式皮鞋。制式皮鞋，男的是指系带的黑皮鞋，女的则指的是黑色的高跟、半高跟的船形皮鞋。它跟套装、套裙才是配套的。这是非常重要的游戏规则。

禁忌之二，过分鲜艳。制服也好，套装也好，都需要遵守三色原则。什么是三色原则？我们刚才讲了，全身颜色不多于三种。男女的制服、套装都要遵守这个规则，不能过分鲜艳。图案也要注意。重要场合所穿的套装制服应当尽量没有图案，或者是带有规范的几何图案。比如，我这条领带是条纹的，就是规范的几何图案。我还可以打什么领带？格子的、点的。但是，它不能过分花哨，我不可能在这上面印上三个字：我爱你。有的同志所打的领带上面有什么阿猫、阿狗、熊猫盼盼、米老鼠、唐老鸭，一看就是不够稳重。

禁忌之三，过分暴露。在重要场合的着装，通常要求下述几个不露：首先不暴露胸部，其次不暴露肩部。后者说白了，就是不穿无袖装。你穿一件无袖装会暴露腋毛，搞不好还露出一圈内衣，显得不够正式。此外，还要求不暴露腰部、不暴露背部、不暴露脚趾、不暴露脚跟，此所谓正式场合六不露。

禁忌之四，过分透视。重要场合注意，内衣不能让别人透过外衣看到。不能让外人发现自己内在的秘密，不能让人家知道它是什么颜色的，什么款式的，是长的还是短的，有没有图案，这都是非常不礼貌的。

禁忌之五，过分短小。非常正规的职业场合里，忌穿短裤、超短裙，短袖衬衫也少穿为妙。

禁忌之六，过分紧身。在工作之中，没有必要向外人炫耀自己的身材。故此意在显示自己线条的紧身装不宜穿着。

职场着装六不准，即过分杂乱，过分鲜艳，过分暴露，过分透视，过分短小，过分紧身。它们都是职场着装最基本的规范。以上，就是我们所讲的关于服的礼仪。

下面，再跟各位简单讲讲饰的礼仪。饰物，在比较重要的场合令人关注。男同志也好，女同志也好，身上的装饰有时是比较重要的。我们所用的装饰之物主要有如下两种：其一，实用型的。比如，男同志的手表、钢笔、打火机。我们私下有句话，把它们叫男人三件宝，是实用性质的。大部分的饰物都是实用性质的。像我们曾经讲过，重要场合男人看表、女人看包。这个男人的表、女人的包都是有实用性质的。但更多的饰物则是装饰性质的，它们并没有什么实用性质。其二，装饰型的。比如，女同志的耳环，它有什么实用性质？胸针，它有什么实用性质？耳环的实用性质是让耳朵听得更清楚吗？它不是助听器！脚链戴一串它有什么实用性质？减肥吗？不可能！它们显而易见都是一个装饰性质的。

接下来，我简单讲一讲饰物佩戴和饰物使用时需要注意的基本礼仪。大体上，我们要讲以下四点：

第一，以少为佳。你在工作中也好，下了班在生活中也好，身上所使用的饰物通常越少越好。就首饰而论，女同志戴戒指啊，项链啊，耳环啊，胸针之类的东西，在一般场合里，限制在三种之内是最好的。而每一种不多于两件，则是最正规的。像耳环，你可以戴一对；手镯你也可以戴一对。但是每种最多戴两件。全身上下不宜多于三种，多于三种便有弄巧成拙之感。当然有人可以例外，新娘就可以例外。饰物戴得太多就麻烦了。你能够设想一位女同志，戴四个戒指，戴三副手链，再戴两个镯子吗？她要是跟谁打招呼，手镯、手链乱晃跟呼啦圈似的，好看吗？

第二，同质同色。它是什么意思？色彩和款式要协调。比如，我现在要戴一枚黄金的胸针。我穿旗袍参加酒会，黑色旗袍，戴上一枚黄金的胸针，很醒目的。我要戴一枚黄金的胸针，我的戒指或者项链也要首选黄金质地的。我要戴眼镜，金丝边眼镜跟我这枚黄金胸针配起来就更好看了。质地、色彩要相同。现在流行戴白金首饰，那我戴一只白金戒指，我的项链就要首选白金。没有白金的，我戴白银的；没有白银的，我戴不锈钢的。即使重点，但它还是协调的。

第三，符合习俗。入国而问境，入乡而随俗！现在大家经济条件好了，戴黄金、白金的人倒少了，戴珠宝的人却比较多。北方人戴翡翠的一个讲究是：男戴观音女戴佛。它就是一种习俗。再比如，你在国内无所谓，你要到欧美国家去，特别是到信天主教的国家去，注意，十字架的挂件别戴。

又如，我们老祖宗有个习惯，戒指一般都要戴在左手上。不戴右手，因为右手干活，容易碰撞、丢失、磨损。目前，在国内外多数地方，人们在左手无名指上戴戒指的意思是结婚了，或者订婚了。

我有一次看比赛去了，过来一名外国记者问我："金先生，你看那个女孩怎么称呼？"

我看不清楚，我有点眼花，我说："那不是女人吗？你叫她小姐就行了。但别叫她大姐，北京人不喜欢被叫大姐，大姐显老，你该叫小姐。当然也别叫别人大小姐。港台人叫大小姐是指有钱人，在大陆你叫别人大小姐有讽刺之嫌，你就叫小姐吧。"

他说："我不敢叫。"

我说："为什么不敢叫？"

他说："你没看，她戴着四枚戒指。"

那个外国人还问我："这是什么含义？"

要跟咱们自己人说，这个人真是没文化。外国人在那儿，咱家丑不可外扬，我跟他踢皮球，我说："这个在我们大陆还是有特殊含义的，这个一般表示这个……"

我也想不起来啥含义，我编都编不出来。当时边上有一位国内的记者，记者嘴快，他救了我的命了。他告诉外国记者："这个在我们大陆是有含义的，一般的含义是表示富有。"

没曾想对方还真信，那名外国记者立刻掏出本来一边记一边说：

"怪不得，我以前见过好几个这种富有的人。"

此举其实不是富有，而是没文化。

第四，注意搭配。佩戴饰物时，应使之和你的服装和谐，和你的其他的首饰和谐。比如，你戴一枚高档的钻戒，配时装最好了。至少它们会相得益彰。你穿牛仔裤，穿乞丐装，即使戴着正宗的钻戒，别人也会以为你戴的钻戒是玻璃渣子。再说句不好听的话，你戴一枚高档钻戒，上万的，怎么也得坐轿车、坐出租车吧？你骑自行车时，戴着钻戒，别人可能会心里想，是真货吗？很简单的道理。与此同时，它其实还有跟其他饰物彼此进行搭配的问题。我再给在场的同志和电视机前的同志出两个小问题：问题之一，如果你穿无袖旗袍裙、戴薄纱手套时，如果打算戴戒指，戒指是戴在手套里面还是外面？问题之二，如果你穿超短裙、连裤袜时，戴脚链，脚链戴在袜子里面还是外面？

它们二者其实都是搭配的问题。具体而言，戴薄纱手套的时候，戒指戴在哪儿？标准化做法是：戒指戴在手套的里面。你也许会说：

"不可能嘛，我经常见到有人戴手套外面啊？"你下次瞪着眼睛看清楚那种人是谁，那是新娘。新娘在当众结婚的时候，把它戴在手套外面，等于宣誓自己嫁了。戒指者，戒其行止，有约束之意。一般人戴戒指没必要把它戴在手套外面，把它戴在手套外面有招摇之嫌。

那么，在穿丝袜的时候，脚链戴在丝袜里面还是外面呢？标准化做法是：戴外面。谁戴脚链？腿长得漂亮，走路样子好看的女人。脚链上有铃有坠的。我们有经验的人知道，穿制服、穿套装或套裙的时候，女士不戴脚链。上班时，提供的是爱岗敬业的精神和训练有素的服务，而不是漂亮的造型和优美的大腿。但是社交场合是另外一回事了，社交场合就是要突出自己的漂亮与个性、魅力。那个脚链在袜子外面晃，等于告诉别人：瞧瞧，看一看，我很漂亮。你把它戴在丝袜里面行吗？那叫静脉曲张，看不见、看不清楚的！戴首饰搭配协调的问题，跟上一篇里所讲的化妆协调的问题一样，都是非常重要的。它是教养与品位的问题。

一个人的服饰如果应用得到位，肯定会为你的穿着打扮的美丽平添姿色。当然，如果一个人的穿着打扮不到位，则会弄巧成拙、贻笑大方。我们在这里介绍服饰礼仪的目的，就是希望大家能够以服饰恰到好处地美化自身，美化生活，美化社会，就是希望大家真正地美丽动人。

第 5 篇

介绍礼仪

在交际礼仪中，介绍是一个非常重要的环节。我们可以说，人际交往始自介绍。换而言之，你跟任何外人打交道，把介绍这个程序去掉了，恐怕就非常唐突。所以我经常喜欢说一句话："介绍是交际之桥。"人和人打交道，介绍是一座必经的桥梁。另外，我还喜欢说一句话："介绍意在说明情况。"既然是说明情况，那么自我介绍也好，为别人介绍也好，业务介绍也好，介绍在人际交往中都是不能缺少的。

有一次，我到一个朋友家里去串门。大家坐在一块儿聊天，男主人与女主人当时忙着给我们做饭做菜，就顾不上照顾我们这些客人了。我们这些客人并不是来自一个单位、一个部门，互不熟悉。有一位女同志，年龄跟我差不多，四五十岁的样子，在那儿发感慨，说："现在干什么都不容易，不好做事情啊！不像歌星、影星、主持人那样，无才有貌者反而走运。比如，某某，她有何真才实学呀？！

她所说的某某，是本地电视台时尚栏目的一名当红主持人，也是当时在场的一位老兄的娇妻。她那么一说，这位老兄的脸马上就绿了。

为什么会出现这种情况呢？一是她说话欠妥，二是介绍不到位。假如我们到你家去，作为男主人、女主人，碰到彼此互相不认识的客人，你得引见一下，并顺便适当地介绍一下双方的具体情况。否则我们双方大眼瞪小眼，就难免出现尴尬。我再给你举一个例子。

有一次电视台搞礼仪风采大赛，我去参加。在嘉宾休息室有几个人在那儿交谈，都是几个朋友，我们几个都很熟。过来一个小伙子，不知道是工作人员还是电视观众（到现场去的电视观众）。当时，我们在那儿聊普京和布什这两位哪个人口才比较好，哪个人外形比较帅，哪个人个人魅力指数比较高，当然这是大家在那儿说笑话了。有的说是普京，有的说是布什。说着说着那个愣头青就插进来了："我看他们俩都不行"，布什的不行，说了一堆；普京的不行，也说了一堆；我们大家都看他，我们都误认为他是我们这四五个人中间的某一个人的熟人，所以我们都对他很友好，我们都在那儿洗耳恭听呢。他说完了这几句话，别人把他叫走了。叫走之后我们就问："他是谁的朋友？"大家都说："不认识他。"结果在场四五个人没一个人认识他，所以这位是来无影，去无踪，空谷留声，大家都不知道他是谁。

以上，都是介绍不到位的例子。从礼仪的角度来说，什么是介绍呢？介绍，就是向外人说明情况。从礼仪的角度来讲，我们可以把介绍分为四类：第一类，自我介绍。也就是说明本人的情况。第二类，为他人作介绍。你遇到了其他的客人，客人之间不认识，你跟他们认识，你是第三方，由第三方出面为不相识的双方作介绍，说明情况，此即为他人作介绍。第三类，集体介绍。在大型活动社交场合，还需要把某一个单位、某一个集体的情况向其他单位、其他集体或其他人说明，它便属于集体介绍。第四类，业务介绍。比如：

那天，我们家有一位小朋友来玩。他戴着个MP3，在那儿摇头晃脑，听得如痴如醉。我爹八十多岁，他没见过那玩意，他见过的也就是录音机、随身听。那种小棒棒竟然可以长时间播放音乐，实在令他费解。他问我："这是什么玩意？"

我说："这个叫MP3，听音乐的。"

"那玩意是怎么把音乐搞进去的？"

我就给他开讲怎么压缩、怎么下载之类的。

这就属于业务介绍。简言之，业务介绍即业务说明。

在日常工作和交往中，自我介绍、介绍别人、介绍集体、介绍业务都是广泛存在的现象。

————————

从礼仪的角度来讲，作介绍时，主要有下面几个要点需要注意：

第一，介绍的时机。注意，此处我用的词不是介绍的"时间"

而是介绍的"时机"，说明它包括具体时间，具体地点，具体场合。在有的地方，是不方便作介绍的。比如：你在看电影，你边上来了一个熟人，这时候大家看电影需要保持肃静，你在那儿喋喋不休地替不相识的人作引见或者介绍合适吗？你会有碍于人，肯定不合适。

第二，介绍的主角。介绍的主角，即由谁出面来作介绍。比如，我们现场就两个人，一男人一女人，一老人一孩子，一长辈一晚辈，这双方总得有一个主动的人，主角，来主动说明情况。那么，谁主动来说明情况呢？这个挺有讲究，请各位记住一条游戏规则。一般都是由地位低的人首先向地位高的人说明情况。下面，我举一个例子：

我在社交场合遇到一位女士，如果这个女士是我的妹妹或者是我的学生，那么是我地位高。但在一般情况下，社交场合是讲究女士优先的。倘若那位女士跟我不熟悉，她只要是一位成年的女性，实际上从尊重妇女的角度来讲，则我的位置低，她的位置高。比如，那时我要约她跳舞或者想跟她交谈一下，我得先作个自我介绍："你好，我是人民大学的金正昆，金教授，很高兴跟你认识。"我先把自己的情况说明一下，对方就会了解我是何方神圣了。假如你在街上走着，过来一女孩，你又不认识，上去就讲"我来跟您聊聊"，别人准以为碰上了一名马路求爱者呢。

倘若一个晚辈和一个长辈见面，一方面是为了尊重长辈，另一方面是考虑到长辈的一些特点，比如，年龄大了，认识的人多了，记性差了，对方有时候可能记不住你，所以晚辈要向长辈先把自己的情况介绍一下，否则会很尴尬。我曾遇到过这么一桩事：

我上大学的时候，有一位老师，是外专业的，德高望重的一位老先生，非常有地位，有名望，全国知名教授。但是老先生当时七、八十岁了，他还得过脑血栓，留下的后遗症就是记性不太好，他是带博士的、硕士的，本科生也认识他。他并不是每个学生都认识，本科生太多了嘛。有一天，他本专业的一个本科生在路上碰上他了，就上去打招呼。像我们那几届，刚刚改革开放时的大学生，年龄参差不齐，本科生有的三十多岁，有的十八岁，有的跟青年教师的年龄差不多。那个本科生上去就跟老先生打招呼，他没介绍自己是谁，尤其是没有说明自己是本科生，结果老先生就把他当成外面的学者和同行看待了，非常谦恭。老先生还问："请问您在哪儿高就啊，您研究什么啊？"那个学生还不自觉，大说特说自己研究什么什么，还把自己的专业报了一下。老先生还真认为对方是同行了，"以后多多交流，保持联系，同行，保重"诸如此类，讲了不少这样的话。

最后碰到另外一个老师，一介绍说他是本科生，双方都很尴尬。

因此，主角是谁有时候是很重要的。

第三，表达的方式。表达的方式，即介绍的时候需要说什么，需要如何说。该说的不说，不行；不该说的废话连篇也不行；信口开河似地乱说尤其不行。

以上这三个要点，介绍的时机，介绍的主角，介绍的表达方式，都是交际礼仪所强调的基本之点。

在日常工作和交往中，我们每个人恐怕都不可能离开自我介绍，我们经常需要作自我介绍。因此，首先我要来讲一讲自我介绍。自我介绍，意在向他人说明自己的具体情况。那么，在什么情况下你需要作自我介绍呢？你不可能在街上见到谁都去作自我介绍。今天，在金教授我来的路上，我碰到的有百十人，有人认识，打招呼即可，没必要再作介绍。老朋友作什么介绍？不认识的人你有跟他沟通的必要吗？对陌路之人没必要作介绍。那么，什么情况下需要作自我介绍？下述两种情况下你必须作自我介绍：第一种情况，你想了解对方情况之时。所谓"将欲取之，必先予之"，"来而不往非礼也"。举个例子，在舞场上，在宴会桌上，我想认识一个异性或者想认识一个长辈，我上去愣头愣脑地问别人："你是谁啊？你认识我吗？"自然是不礼貌或者比较唐突的。如果足够聪明的话，我会上去作自我介绍："很高兴跟您认识，我是人民大学金正昆金教授，不知道您在哪儿高就？"先把自己情况说了，然后再问别人的情况。绝大多数情况下，你把自己情况一介绍，对方就会跟你合作了。对方一般都会明白这个道理，来而不往非礼也。你把你的情况介绍了半天，对方总不至于告诉你："知道了。"不可能的事。一般情况下，你要想作自我介绍，实际上就是想了解对方的情况。作为一种交换，你那时首先要让对方了解你的情况。第二种情况，你想让别人了解你的情况。这个不讨论了。

进行自我介绍时，对以下五大要点必须应用自如。

第一个要点，什么情况下需要作自我介绍。此点前面已经讲过，故不再赘述。

第二个要点，介绍自己时的顺序。它所规范的是：跟外人打交道时，一般应该由谁首先来进行自我介绍。介绍的标准化顺序，是所谓的位低者先行，即地位低的人先作介绍。比如，在宾主活动中，一般的游戏规则是，主人应该首先向客人作介绍。举例而言，今天我们有一个大型的宴会，我是主人，我在门口迎候客人。来的客人中，有的可能认识，有的我可能不认识，所以我在宴会厅门口迎宾的时候不仅要悬挂胸牌、胸卡，让别人一目了然，而且我还需要作自我介绍："很高兴见到你，我是本公司的经理王军，我代表公司的董事长在这里迎候各位，欢迎各位光临。"我要作自我介绍。主人和客人在一块儿，主人先作介绍；长辈和晚辈在一块儿，晚辈先作介绍；男士和女士在一块儿，男士先作介绍。地位低的人和地位高的人在一块儿，地位低的人先作介绍。但是我必须声明，位低者先作介绍这条游戏规则并非每个人都很熟悉。有鉴于此，当你和外人打交道，需要作介绍时，他地位低，他先作介绍。若是你地位高、他地位低的话，你先作自我介绍也没什么，你没有必要非要等着别人作介绍，你没必要让别人尴尬和难堪。

第三个要点，自我介绍需要辅助工具和辅助人员。某种情况下，自我介绍是需要辅助工具和辅助人员的。辅助工具是什么呢？辅助工具就是名片。金教授在讲到名片礼仪时，特别强调，名片是社交的介绍信，名片是社交的联谊卡，名片乃现代人社交之必备。有鉴于此，你和外人打交道需要作自我介绍时，特别是郑重其事地作自我介绍时，应该养成习惯，首先把自己的名片递给对方。道理很简单，你的真名实姓，你的所在单位，你的头衔职务，名片上都印得一清二楚。有的时候，你的头衔、单位，还真不好意思自己亲口见人便说。

我坐飞机，跟一个同志坐在一块儿。那是一位女性，年轻姑娘，很漂亮。如果我要作自我介绍，在国外的话，我会说："我是中国人，我姓金，你可以叫我金先生。"要是在国内的话，我则说："你好，我在北京工作，我姓金，我叫金正昆。"我顶多报这么多罢了，甚至连我在北京工作我都不会说。

你干吗向人家小姑娘吹大牛去啊？你逞什么能？有必要吗？你

跟别人说自己是教授，"你看我像吗？"怎么不像啊。你上来就把你老底抖落给别人了？不可能！但是，名片不同，电话号码，所在单位，联系方式，各种头衔和职务，它上面一目了然，它能言人所不能言，就是你嘴巴不好意思说的或者不能说出来的东西，名片给你说出来了，而且它的可信度比较高。所以有社交经验的人应该先递名片，先递名片就能少说很多废话。

此外，自我介绍时，如果有可能，最好有辅助人员。什么意思？比如，你参加一个社交活动，你想跟某些人认识，你想加入某个交际圈，你自己愣头愣脑地闯进去，像刚才我前面提到过的那个小伙子，来无影，去无踪，说两句就走人，会让别人不知道其所云，不知其何方神圣。在可能的情况下，你可以先找一个人，比如你想到那个圈里谈话，你可以先找一位那个圈里的人，或者跟那个圈比较熟的人把你给带进去，这就比较好办了。比如金教授这儿几位礼仪专家在谈事，你想参加进来，那你可以找我们这几位礼仪专家之中的某一位，你也可以找我们的节目主持人，因为他跟我们比较熟，让他来介绍一下，这样你就不至于太尴尬。而且有些你不好意思说的话，辅助人员可以替你说，你的自我介绍可以因此而偷工减料了。

第四个要点，控制自我介绍的时间长度。一般而论，在下面四种情况下，作自我介绍是比较容易成功的。就是说别人容易记住你。其一，目标对象有空儿之时。你想认识的那个人，你想向对方介绍的那些人，往往有空儿的时候才会对你的自我介绍比较关注。别人在那儿聊天，别人在那儿看电影，别人在那儿吃饭呢，这种情况下

127

自我介绍就比较尴尬，别人会心不在焉。

其二，没有外人在场时。有外人在场，你去作自我介绍，目标对象忙着应付外人，可能记不住你说的话，说难听点可能没把你当回事。其三，周围环境比较幽静时。在地铁里面，在火车上面，在人行道上，大家来去匆匆，这时候作自我介绍，目标对象往往扭头就忘，想记都找不着笔和纸。其四，较为正式的场合。比如，写字楼啊，宴会厅啊，会客室等等比较正式的场合，在此类场合，自我介绍的氛围可能比较好，容易令人关注。

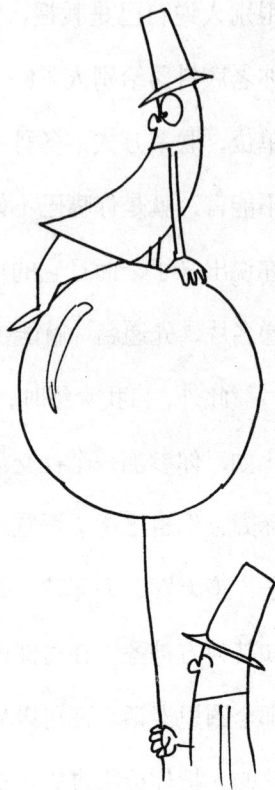

　　你要养成习惯，自我介绍的时间不要长。要坚持自我介绍时长话短说，废话别说，没话别讲。一般人自我介绍时最容易犯的一个错误你知道是什么吗？就是把自己的名字掰过来、数过去地跟别人进行解说。你问我："先生，你怎么称呼？""你好，我叫金正昆。"我顶多告诉对方"金银的金，立正的正，昆明的昆"，而且说这三个字的时候多半还是在买飞机票的时候，我怕别人把我的名字写错了，我上不了飞机。

　　平常就没必要了，请注意不要怀疑别人的智商，不要认为每个人都想对自己的名字产生好奇心和探究欲。别人问："先生你怎么称呼？""我姓金，金银铜铁锡的金，金兀术的金，你看我是满族还是朝鲜族，我告诉你我这个姓氏是这么写的，一个人，他姓王，腰里别着两块糖。"我没有必要把我那个名字是怎么起的，有什么深刻含义，我妈给我起名时如何浮想联翩，而我的名字跟我的坎坷人生如何密切相关，都给别人叙述一遍，那会浪费别人时间，另外别人也没有兴趣。一般而论，自我介绍的时间应该限制在一分钟或者半分钟左右。没有规定你时间，别长篇大论无止无休。

第五个要点，自我介绍内容的组织。自我介绍内容的组织，有其讲究。在一般情况下，自我介绍可以分为以下三种模式：其一，寒暄式。它又叫应酬式，是什么呢？是不得不作介绍，但是又不想跟对方深交之时所作的自我介绍。比如我现在参加一个活动，我往那儿一坐或者一站，上来一个同志说："金教授，能不能跟您认识一下？"或者他问："金教授，您在什么地方高就？"别人问我了我就得答，我总不至于告诉别人："你没必要知道，关你什么事？"那是很失礼的。但是，我在外面行走江湖，我得有自我保护意识。那人我不认识，我总不至于把我家电话告诉他，我也没必要把我单位告诉他吧，万一他骚扰我呢？在这种情况下，面对泛泛之交而不想深交的人，可以用寒暄式来作自我介绍。

它的内容是什么呢？它的内容其实就一项，就是你的姓名。"先生你怎么称呼？""你好，我叫金正昆。"完了，我绝不多说，我就把我的名字报一下。反过来说，各位一定要有数，在社交场合别人作介绍时，他只报了名字而没说单位什么的，你可千万别去"宜将剩勇追穷寇"了。别人如果只报了名字，却没说单位，没提头衔，没有电话之类的，实际上别人是跟你有点见外，双方需要以后进一步的交流和沟通。实际上，寒暄式是一种面对泛泛之交的有距离的交际方式。

其二，公务式。它是在工作之中、在正式场合作的自我介绍。一般而论，公务式自我介绍需要包括以下四个基本要素，我们称为公务介绍四要素，它们全是不能缺少的。哪四个要素呢？一是单位，二是部门，三是职务，四是姓名。一个训练有素的人自我介绍时应将此四要素一气呵成。当然，你要把名片递给别人，有的时候职务和单位你倒没必要再多说了，因为那上面印的都有，你再重复一遍也是废话。但是如果你没有带名片，或者你不想给对方名片的话，则你作介绍时就要报全了，这样有助于对方对你产生比较全面的认识。这样的话，比较到位。比如，你问我："先生你在哪儿高就？"我在非常正规的场合就会尽量全报齐全一些："你好，我在中国人民大学国际关系学院外交学系工作。我是教授，担任系主任，我的名字叫金正昆。"此时，我会把自己的单位部门职务头衔一气呵成。你别说得太少，你说太少别人很难受，你上来跟别人说："我是人大。"那样别人会问你："在人大干什么？"是工作还是教书，是行政管理还是后勤，是看门还是保安？你要自己说清楚，你的单位部门职务头衔，要养成习惯一口气报出来，你别挤牙膏。

其三，社交式。在私人交往中，我们通常想跟别人交朋友，想了解对方的情况。但是，有的时候说话得讲究分寸，此刻宜使用社交式自我介绍。那么社交式自我介绍一般有哪些内容呢？大体上有这么几个内容：一是自己的姓名；二是自己的职业；三是自己的籍贯；四是自己的爱好；五是自己与交往对象双方所共同认识的人。比如：

有一次，我去一个单位工作。我读研究生时候的导师就告诉我，我有一个师兄就在那个单位，我就找他去了。我找他说的第一句话是："先生你好，如果我没有把名字给搞错的话，您应该是我师兄，因为某教授是我的研究生导师，是我恩师。"

他马上就很开心地站起来说："师弟呀，师弟呀。"这样双方之间的距离迅速就缩短了。因为我们都是同一个老师，自然有共同的平台和语言。

社交与公务不一样，公务是公事公办，它讲头衔、分单位、谈业务；社交则是要找私人话题，比如您是老师，我也是老师，我会跟您讲我也是教书的，这一句话令我们可能就有比较近的距离。所以你的职业、你的爱好、你的祖籍等等都是可以作为社交话题的。

最后我要强调，作自我介绍时有一个技术层面的问题，大家一定要注意。这个技术层面的问题是什么呢？就是缩略语的使用。我刚才使用了一个词我不知道你注意没有，我说我是"人大"的，我说我是"人大"的前提是因为主持人介绍过了我是中国人民大学的教授，而且我自己刚才也讲了，我在中国人民大学工作，然后我才说我是"人大"的。你要注意了，各种各样的简称有时候太多，你可别乱用。比如大学的简称，人大一听就知道。人大、北大、清华、师大，这个在北京、在教育界约定俗成，一般我们一提北京高校，往往就是北大、清华、人大、师大，人大肯定是人民大学，师大肯定是北京师范大学。但是你要到外地去呢？各省都有师大啊，南京有南京师大，浙江有浙江师大。而人大这个简称也麻烦得很。你要到浙江去，你要到广东去，你跟别人说人大的，别人马上就会思考你在省人大还是市人大？你有蒙人之嫌。要养成习惯：作自我介绍时第一次要用全称，第二次才可以改用简称。比如，你跟别人讲，我在南京航空航天大学工作，然后才能讲我们南航。否则你上来就跟别人说我在南航，别人往往会首先想到的是南方航空公司，因为南航不止一个。闻道有先后，术业有专攻，你和外人打交道的时候要善于换位思考，你懂你熟你清楚，外人并不一定明明白白。

下面，我再跟各位简单谈一谈为他人作介绍。为他人作介绍，专业的讲法又叫第三方介绍。就是当双方不认识时，由你作为第三方出来替大家作介绍。为他人作介绍时，有三大要点需要注意：

第一，谁当介绍人。在社交场合，没有介绍人，两方人不认识，大眼瞪小眼，便会产生尴尬。谁当介绍人呢？不同场合不同情况是不一样的。比如，家里来了客人，社交的场合，宴会、舞会、家里聚会，介绍人一般应该是女主人，这是女主人的天职。别人到你家里来作客，女主人就应该有义务替不认识的人作介绍。在一般性公务活动中，谁来当介绍人呢？是以下几种人：

其一，专业人士。比如你到公司、企业、机关去，专业人士指的是谁呢？办公室主任、领导的秘书、前台接待、礼仪小姐、公关人员，他们是专业人士，他们干的活中有一项职责，就是迎来送往。

其二，对口人员。什么叫做对口人员，就是我这个外人去找的就是你。举一个例子：

我有一个侄子在大学读书，比如在美国或者在上海，我到那所大学去看我侄子了。我侄子的老师、同学不认识我，我找的是我侄子，那我侄子就有义务把我和他的同学、老师作一个介绍。否则我傻乎乎地在他那里待了一上午，别人却不知道我是谁，谁过来都看看我。那就是我侄子失职，因为我找的就是他。

再比如，你跟别人做生意，你找的是张经理，张经理就有义务把你跟外人作介绍，你们两位就是对口的。

其三，本单位地位、身份最高者。这是一种特殊情况。来了贵宾的话，比如，俄罗斯总统普京到北京大学或者到人民大学来发表演说，是国务委员陪他来的。在这种情况下，普京要跟北大或者人大的师生见面，谁来作介绍啊？你不方便叫人大或者北大的校长办公室主任来吧，他们认识老普，老普可能不认识他们。你更不能找一个学生去作介绍啊。来了贵宾的话，一般是应该由东道主一方职务最高者出面作介绍，礼仪上把它叫做规格对等。它实际上这就是对客人的一种尊重和重视。回到我们刚才所举的例子，国务委员陪着普京去北大或者人大演说，在这样的情况下，作介绍的人，应该是国务委员或者是北大、人大的校长，就是主人一方的地位最高的人。这是一种礼仪，或者叫接待规格。这一点在正规场合是不能忽略的。

第二，介绍的顺序。先给我们现场的听众出一个小问题。假定金教授到一个电视栏目来做嘉宾，头一次来，你是负责外联公关的

人。你把金教授从人民大学给接来了,接来之后跟制片主任、副主任、编导先见一见面。我们把主方职务最高的人暂定为制片主任。我们假定制片主任是个女同志,王主任;副主任是个男同志,李副主任;现场的编导是个女孩子,小马。他们三个人都不认识我,我来做节目之前总得跟他们三个人作一个沟通。各位,请问你们这样一个问题,如果你们是把我从人民大学接来的外勤,你陪我到达了制作节目的现场,替我和我们这个栏目的制片主任、副主任、编导作介绍,请问先介绍谁,后介绍谁?

标准化做法是先介绍主人。为什么?我这里有一个绝对充分的理由,因为客人拥有优先知情权。交际礼仪告诉我们,地位高的一方应该后介绍,地位低的一方应该先介绍。我到你这个栏目来了,我是你请的客人,所以你这边的主人就应该比我位置低,你应该首先给我介绍:"金教授,介绍一下,这是我们王主任、李副主任、编导小马。"你得首先把你们的人排个顺序。实际上,我来你这儿做节目,他们三个人是知道的,他们派你去接的就是我,所以我一进门你介绍不介绍我不重要,他们三个一看见我就知道来做节目的那个专家到了。而他们三个是谁,我却不知道,所以你得首先给我排个序——王主任、李副主任、小马,你上来就介绍我,我只好看着他们三个人傻笑,心里想,谁是老大?我会很尴尬。请大家记住,介绍晚辈和长辈时,一般要先介绍晚辈;介绍上级和下级时,一般要先介绍下级;介绍主人和客人时,一般要先介绍主人;介绍职务低的一方和职务高的一方时,一般要先介绍职务低的。当然如果其中一方不只一个人，比如，我刚才说的有王主任、李副主任、小马这三个人的话，介绍某一方的顺序则是由高而低，即王主任、李副主任、小马。介绍双方的话，则应该先介绍地位低的一方。

下面，我简单讲一讲集体介绍的礼仪。集体介绍时，一般要注意的是什么呢？通常要注意把集体和个人或者集体和集体分别而论。一种情况是两个集体，两边都是单位。两边都是单位的话，一般要把地位低的一方先介绍给地位高的一方。所谓地位低的一方一般就是东道主，所谓地位高的一方一般则是客人，这属于基本的游戏规则。另外一种情况则是集体与个人。比如，我到清华大学作报告去了，下面坐的是清华大学全体处级干部或者全体的文科教员。我是一个人，他们是一群人。依照一般的游戏规则，是先把个人介绍给集体。因为个人比集体人少，所以其地位低，这是一个比较常规的游戏规则。如果两边都是集体，按照我们刚才说的那个顺序先介绍地位低的，后介绍地位高的。如果一边是个人一边是集体，则要先介绍个人，后介绍集体。此种做法我们叫做单项式介绍。比如，清华大学下面坐了 500 位教授，你介绍金正昆就行了："这是人民大学金教授，请他来给我们作礼仪报告。"你不可能把清华大学 500 位教授全叫起来逐一向我介绍，1234567，那不得介绍一个钟头啊？你只介绍我一边就行了。至于其具体内容，与介绍个人，与为他人作介绍时的做法基本相似。

最后，我再来简略地讲授一下有关介绍业务的礼仪。现代市场经济日趋成熟，我们的很多同志在日常工作和交往中往往需要向别人介绍本单位的产品、本单位的技术、本单位的服务，等等。在进行业务介绍时，礼仪方面需要注意以下三个要点：

第一，把握时机。换而言之，当消费者或者目标对象有兴趣的时候，你再作介绍，再去见机行事，那时效果可能比较好。你别骚扰别人，我在这儿吃饭呢，你过来跟我讲："喝瓶啤酒吧，我这啤酒好啊，你喝一瓶吧，你不喝不好啊。"你烦不烦啊，拉郎配的促销方式不适合现代人的观念，此为理智消费者所不取。所以你去介绍业务时，要之要者是一定得掌握时机。别人有兴趣的时候，你去介绍效果可能比较好。

第二，讲究方式。一般来说，作业务介绍有四句话需要你注意：其一，人无我有。你得把你这个业务、产品、服务的独特之处跟他人说出来，人无我有。其二，人有我优。有些产品、有些服务大家都有，但是我这儿质量好，技术能保证，后续服务比较到位。我的优势，一定要尽力宣传。其三，人优我新。现代技术是日趋成熟，在一般情况下服务都是比较优质的。在这样的情况下，你要把你的产品、服务中那些新的方面给介绍出来。新奇之点，你把它介绍出来。其四，诚实无欺。你别蒙人，别被别人投诉、起诉了，这个也是比较重要的。

第三，尊重对手。在进行自己的业务介绍时，千万不要诋毁他人。我曾经讲过一句话："来说是非者，必是是非人。"你说你们家业务好可以，你可别去诋毁别人。事实胜于雄辩，同行不能相妒，同行不是冤家。大家要共同合作，共同发展。大家谁都不傻，你上来就指桑骂槐诋毁别人，其实毁人者乃自毁也。你骂别人，等于是骂你自己。任何讲究职业道德的人，都是不会在介绍自己业务时诽谤他人的。尊重竞争对手，不仅是一种教养，而且也是做人的一种风度。

第 6 篇

握手礼仪

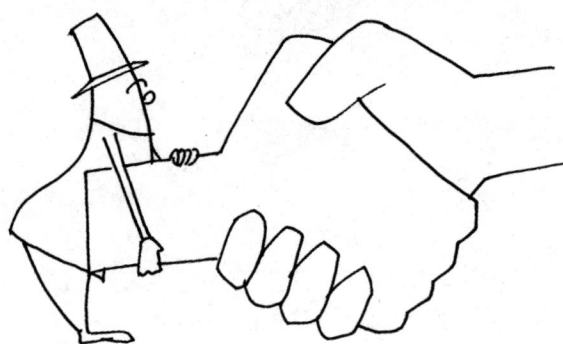

各位好，这次我来跟大家谈一谈每个人在其人际交往中都不可回避的一个礼节的问题：相见礼节，也就是我们老百姓平常所说的见面礼仪。在本篇之中，我介绍的主要是以握手礼为主的相见礼节。你和任何人打交道，不论老朋友还是新认识的人，双方只要进行交往，见面礼节都是不能缺少的，握手礼尤其不会不使用。

　　一般而论，相见之礼有其四大特征：

　　第一，中外有别。实际上，中国人跟外国人所使用的相见礼节，是不太一样的。目前在国际社会，最通行的相见礼节是拥抱、亲吻，而中国人一般则不讲这套。我与我们电视主持人也好，制片人也好，如果对方是个女孩子，双方见了面顶多是握手，告别的时候再握一次手就到位了。如果我不是一个俄罗斯人，不是一个美国人，我上去跟她拥抱，我搞不好就要挨一巴掌，我们彼此不是那个关系。而在欧美国家，拥抱、亲吻是比较通行的一种礼仪，所以中外有别。

　　第二，外外有别。极个别的同志，因其国际交往的经验比较缺乏，误认为外国人都长得一个样子，外国人的礼节都千篇一律，那怎么可能？！你想一想，联合国有一百九十多个国家，世界上有五大洲、四大洋呢，所谓十里不同风，百里不同俗，不同的国家的礼

141

仪自然是不太一样的。就是欧美国家，有些国家喜欢拥抱亲吻，有些国家则对此也不太讲究。比如美国人对亲吻、拥抱，有时候能接受，有时候则不太接受。中国古代流行的传统礼节是拱手礼。在一些中华文化比较通行的地区，比如说我们的台湾地区，我们的香港地区，我们的澳门地区，以及有一些华人聚居的东南亚地区，像新、马、泰，加拿大，实际上拱手礼在老辈华人里还是比较流行的。在韩国、朝鲜、日本，鞠躬礼则比较流行。还有一些国家的礼节就更有意思了。我去过太平洋某岛国，那个地方流行一种什么礼节呢？我实在叫不出来它的名字。我问当地人，他们讲的是当地方言我也不懂，我写过一篇游记，称之为"伸舌礼"，或者叫"吐舌礼"。什么意思呢？来了贵宾的话，当地土著，为了表示对你的欢迎，不仅要跳草裙舞，上身裸露，穿干草制作的裙子给你跳草裙舞，而且在跳舞的过程中，还会一边跺脚，一边把舌头伸出来。据说舌头鲜红表示赤诚的心。这个礼节你得了解，不了解的话，你到那里人家一伸舌头，你好害怕啊。

    我第一次到法国去，也遇到过类似的事情。当时对国外了解得比较少，简直是井底之蛙。我一下飞机就晕了，哎呀，法国人热情啊！尤其是法国女人不仅漂亮，而且还主动与你拥抱接吻，吧叽吧叽好几个，有点受不了。当时我们都是二十来岁的几个小年轻，回来自己偷着总结经验，说："怎么回事？你被人亲了吗？""亲了！""抱了吗？""抱了！"现在来看，当时我们真的有一点少见多怪啊！

　　其实，欧美国家的亲吻礼节，在社交场合往往仅是象征性的。它亲什么地方有其讲究。它一般是长辈亲晚辈，亲额头；晚辈亲长辈，找下巴；平辈人之间，则一般是贴面颊或者吻面颊。区别通常是：异性之间吻面颊，同性之间贴面颊。即便亲吻，大多也是象征性的。十里不同风，百里不同俗。国家不同，风土人情不同，礼节往往就不一样。

　　我们知道，在欧洲国家流行一种见面礼节，叫做吻手礼。很多影片，尤其是一些古装片，诸如《斯特凡大公》、《拿破仑在奥斯德里茨》，或者《战争与和平》，我们都可以看到这种吻手礼。它其实很有讲究。谁吻谁的手？一般情况下，是男士吻女人的手，而男人被别人吻手的概率极低。男人要被别人吻手，大概只有下述两种人，其一，Baby，即小孩子。爸爸妈妈喜欢他，什么地方都敢亲，连脚丫子都敢亲。其二，教皇，宗教界人士。此外，男人没那机会。而女性受礼者通常则是成年妇女，在欧美国家其实指的就是已婚妇女。总之，是女人而不是女孩。吻手礼是从欧洲中世纪流传下来的，是所谓骑士向贵妇人献殷勤的礼节。再者，吻手的地点颇有讲究。一般是在室内，有屋顶的房间之内，在马路上没这套。行这种礼节的多在室内的社交场合，宴会、舞会、音乐会、登门拜访。你拎棵大白菜，牵只狗，怎么办？你连手都腾不出来，你一伸手那狗跑了，你把白菜放地上？此外，吻手的部位也有讲究，行礼时要在手背这块象征性接触。我要讲的意思，倒不是说我主张吻手礼、亲吻礼、拥抱礼在我国推行，这不可能。但是你跟别人打交道，这个你也得明白。有的事情，世界不会因为你而改变，你看得惯你看，看不惯你也得看。

第三，今古有别。见面礼节在现代、当代和古代是有所区别的。比如，在我国古代，逢年过节时，晚辈要向长辈行跪拜礼。时至今日，它已不多见了。

第四，场合有别。不同场合，有不同的礼节。比如，正式场合一般相见礼节不可缺少，非正式场合也就算了。在座的各位电视机前的观众和现场的听众，您平时常见您家老婆，见您家孩子时，会与其握手吗？肯定没有这个程序。但如果是工作场合，即便熟人，我们也要相互之间握个手，表示关心，表示爱护，表示尊重，表示重视，表示致意，表示欢迎或者表示挽留。

我之所以在此喋喋不休地讨论上述见面礼节的四大区别，主要是要让大家明白，见面礼节其实是习俗礼仪，而习俗礼仪都有其特定的适应对象和特定的场合。比如，有些民族讲男尊女卑的，一个男人到那里去，你是不能跟女主人亲吻拥抱的，连握手都不能握。你要上去跟女人握个手，搞不好就犯了大忌，搞不好会招揍、招骂，甚至会违反法律。有鉴于此，对这些情况要有所了解。

———————⚬∽⚬———————

目前，握手已经是国内最通行的相见礼节。从某种意义上来讲，它其实也是国际社会中最常见的礼节。因此，我下面想跟同志们谈谈有关握手的一些基本礼仪。在交际场合我们跟别人握手为礼时，通常需要注意下面几个问题：

第一，握手的场合。一般来讲，我们需要跟别人握手的主要是以下三大场合：其一，见面或者告别。我到你家去也好，我到你单位也好，我是主人也好，我是客人也好，彼此见面的时候握手，这个程序一般都不能缺少。金老师到你家串门去了，进了门你连个手都不来同我握，说明不欢迎我。像刚才我来的时候，本次讲座的主持人在门口迎我，我们俩见面就握手了。虽然彼此是老熟人，这个手还是要握的。一会儿走的时候，我还要跟他握手。见面或者告别是一定要握手的，这种礼节不能缺。其二，表示祝贺或者慰问。别人有喜事了，升职了，晋级了，考上大学了，结婚了，年高做寿了，娶妻生子了，等等一些情况，往往需要我们与之握手为礼。过生日了，你需要祝贺，要握手祝贺。口说无凭，握手为礼，表示祝贺。再者，就是慰问他人。有人身体不太好，家里遭遇了不幸，领导去登门慰问，朋友去表示声援，或者予以鼓励，都少不了要与之握手。其三，表示尊重，我曾经多次讲过，"礼"的意思是尊重，我们在人际交往中要尊重自己，要尊重别人，要尊重社会。我多次讲过以上这三个尊重。"仪"的意思是什么呢？"仪"，就是规范的表现形式。你尊重别人，就要以适当的形式表现出来。握手，往往意在向他人表示尊重对方。

第二，伸手的先后。 以前我们曾经强调过：介绍两个人的时候，作为第三方介绍别人，你总得明确先介绍谁后介绍谁。我当时讲了一条游戏规则，就是客人有优先知情权。现在要把它讲专业点，我可以称之为位高者居后。你介绍双方的话，一般是地位高的人后介绍，地位低的人先介绍。地位高的人拥有优先知情权，亦可称之为位高者居后。

我曾经给礼仪下过一个定义：礼仪是人际交往中的行为规范。行为就是举止动作，规范就是标准做法。由此可见，所谓礼仪实际上就是我们在人际交往中待人接物的标准化做法。因此，在比较正规的场合，人和人握手时谁先伸手是有其标准化做法的。有可能的话，最好是两人同时伸手，但在实践中此种情况出现的概率并不高。总有一个人是发起者。

握手时，双方谁先伸手呢？我给现场与电视机前的听众出这样一个问题：你跟别人握手时，你觉得谁先伸手更加合乎礼仪呢？

业已讲过介绍双方时的标准化做法，是位高者居后，即地位高的人后介绍。握手的标准化做法则恰恰相反，我们称之为位高者居前。请大家记住，在一般性的交往应酬之中，握手时标准的伸手顺序，应该是位高者居前，也就是地位高的人先伸手。比如，男人和女人握手，一般应由女人先伸手。给你举个例子，有两个人在社交场合见面，别人介绍这一位是马先生，那一位是李小姐。李小姐位置高，是后介绍的。那么两个人愿不愿意聊天，愿不愿意认识，愿不愿意换名片，都应该是由李小姐决定的。李小姐若不想认识这个马先生，李小姐跟他笑笑就完了，"你好！"寒暄一下就过了。那位马先生

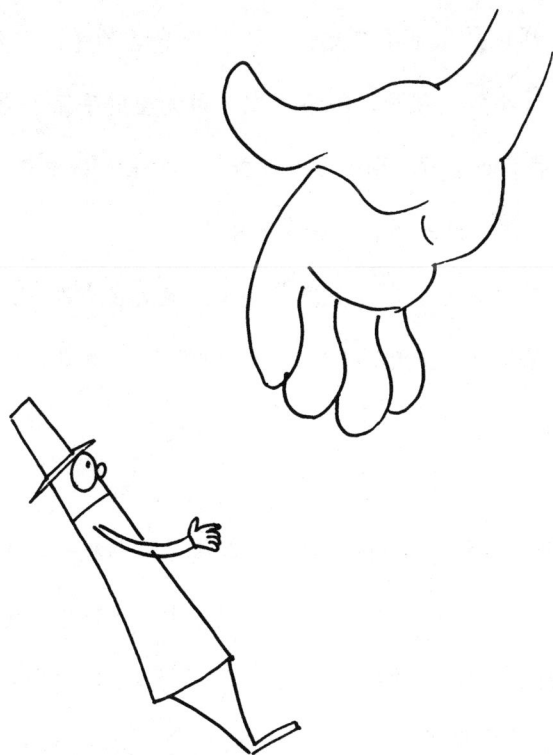

总不至于上去高攀："您在哪儿高就啊？给张名片吧！能跟你认识吗？"那叫做不自觉。但如果此时李小姐跟他握手，则说明她接受他了。下面的话题可能就跟进了，交换名片啊，留个电话啊，以后有机会再约一约啊。切记：男人和女人在社交场合见面的话，一般规则是由女人先伸手。当然，假如你是一个女孩子，万一碰到一个男同志不太自觉，他先伸手了，也别让他伸出来的手回不去，否则他会特尴尬。

我有一次见过一位极度尴尬之人。别人替两个人介绍说："这位是孟先生，这位是侯小姐。"

当时，那位孟先生不自觉，一下就把自己的手首先伸出去了。没想到人家侯小姐端架子，不搭理他。孟先生的手回不去了，在那儿死撑，足有二三十秒。别人还是不配合，后来他一着急，"蚊子！"他转手去打莫须有的蚊子，实在是不幽默。

我看到当时孟先生的脸上都出汗了，他实在没办法，只能自己给自己找一条退路。当然，那位侯小姐也不应该如此，该握手还是要握的。

男人和女人握手，一般是女人先伸手；晚辈和长辈握手，一般是长辈先伸手；上级和下级握手，一般是上级先伸手；老师和学生握手，一般则是老师先伸手。当然，我们还必须注意具体的场合。比如说，你是个女孩子，你是公关经理；我是个男人，但我是董事长。

现在我们两个单位进行商务交往，不用说我董事长此时此刻的地位高，是不是这个道理？但如果是在社交场合，大家在一块玩，则是不讲职务、不讲头衔的。那时就是女孩子地位高。她虽然是一个女孩子，但是她成年了，尊重妇女是一种教养。那时双方握手，则应该由女孩子先伸手。

握手时伸手的先后顺序有时还有其特殊性。它的最重要的表现在哪里？表现在接待客人时的宾主双方之间的握手。我想跟各位强调，刚才讲了地位高者先伸手，是共性，是常规。特殊情况则是在接待客人时。一般的游戏规则是：客人到达时，主人先伸手。大家的生活经验是不是这样？家里或单位来了客人的话，应该是主人先伸手。主人先伸手表示对客人的一种欢迎。老金到你家串门去了，我说："王主任，我来看你了。"你仅道"来了，坐吧。"却不与我握手，说明你不太把我当回事。所以说，家里来了客人也好，单位来了客人也好，一般主人要首先伸手。主人先伸手，说明是对客人的一种欢迎。这个程序是不能少的。但在客人告辞的时候，情景则颠倒过来了，礼仪惯例则是：客人首先伸手。您当主人的，可别着急。比如，我在你的写字楼谈工作，一看表十一点二十，该吃中午饭了，那我就得自觉，别在你这儿混饭。我会讲："王主任，我告辞，不在你这儿打搅了。"那时，我会站起来。在我站起来的同时，我会跟王主任伸手，那意思是请其留步。王主任你不能着急啊。我刚跟你说："王主任，我要告辞。"你马上就伸手，那意思是不是让我别在你这儿混饭？

在实践中，除两人握手时要注意彼此伸手的先后之外，一人与多人握手时,亦须注意其先后的顺序。比如,我们现场有几十位观众，假定我跟大家握手时，就得有先后顺序。我不能一下就奔一位美女去了，把周围的人全跨过了，那样的话，别人会说：这小子，色鬼。我若只跟地位高的领导握了手，而不搭理其他人，别人肯定会说我这个人很势利。你一个人跟多人握手的话，一定要讲究先后的顺序。那么具体上应该怎么办？

一般来讲，当一人与多人握手时，以下几种排序方法：其一，由尊而卑。如果在场的人是一个单位或者一家人的话，其地位的高低是很容易分清楚的。是一个单位的，比如一个公司的总经理、副总经理，这个顺序很清楚。如果这样清楚的话，应由尊而卑，从地位高的人开始，依次往下而行。其二，由近而远。比如，这儿四五个人，在宴会厅门口排着队迎候客人，我来与他们握手，我就不能跳跃前进。我应该首先伸手跟离我最近的人握手，然后由近而远地依次而行。如果你们这儿有四五个人的话，若是没有伸手，你们可不要着急。

那天,一家公司请我去作报告。我叫他们来接我,他们的车来了，一个专职司机开着车，男的；一个办公室主任，则是个女孩子。两人来接我。我一下楼，不管从职务高低的角度，还是从尊重妇女的角度来讲，肯定是要跟这个女孩子先握手的。但是，我没想到那位司机马上把手伸过来了，而且他的手伸在那个女人前面。我很为难，只好把自己的两个手同时伸出去了，一手握一个人的。不管怎么说，总不能别人伸出手来我不理睬人家。但那位司机的做法的确失当。

再比如，我是儿子，我爸也在场的话，我爸伸了手之后，我才能伸手。我是副总经理，若董事长在场，董事长与别人握手完毕，才能轮到我去握。您别急，又不是抢购。要注意，握手除了要由尊而卑之外，必要时由近而远不可不知。

其三，顺时针方向前进。您去握手，您去干杯，大家坐在一个圆桌上，或者围坐在一个客厅里面，那么你的标准化做法是什么呢？比如，吃饭时我是主人的话，我的第一杯酒跟谁干呢？第一杯酒通常是要跟我右手边的人干的，因为右手的那个人是主宾。一般主人的右手坐的都是主宾，第一杯酒要跟他干。然后我就按顺时针方向走，我的左手，左一、左二、左三、左四，依次顺时针方向前进。通常认为：它是一种比较吉利的方向，因为我们与时俱进了。在一般的交际场合，人们往往不喜欢倒着走。特殊情况除外，比如，运动会入场式上，依照古希腊奥林匹克运动的传统，运动员入场都是逆时针方向的。还有呢？轿车在酒店大堂门口停车，它是逆时针上来的，这是因为交通规则的问题，它必须这样上来，你要顺时针别人不让你上去。此外，我祝愿我们在场的听众，这种逆时针方向还是少用几次，因为它不吉利，一般多见于追悼会或者遗体告别仪式。那样做，据说是倒退着回去，意在看望逝去在以前某一个时间的逝者。总之，社交场合里，尤其是在国际交往中非常讲究这个。握手的顺序要讲究。应该说，在所有的握手礼节中，握手的顺序，包括双方的顺序、一个人和多人握手的顺序，是最重要、最值得注意的礼节。

第三，具体的表现。与之相关的有以下几个要点：

其一，手位。手位，在此特指手伸出来时怎么个伸法。一般情况而言，在手位上要注意这样几个问题：首先，标准化的手位。其方法是手掌与地面垂直，手尖应该是稍稍向侧下方伸出，手掌垂直于地面，五指后面四个指并拢，拇指适当地张开。其次，不可取的手位。在握手时，有两种手位是不可取的。一是掌心向下。掌心向下，往往给人一种傲慢的感觉，说实话，掌心向下伸出来的手位很少见到，只有交警指挥交通时才会如此这般。你跟外人，尤其是晚辈或者主人握手时，你一下掌心向下把手伸出去了，别人对你会有看法。二是掌心向上。在一般情况下，掌心向上表示谦恭。面对长辈，像是你的爷爷、太爷爷，你的恩师，这时掌心向上伸出去没有什么不对，你是要尊重他。但是一般情况下你也别那样伸手。大家想想，那样伸出手去好看吗？难免会给人以成心讨好对方的印象。

其二，时间。你去跟别人握手，时间用多久是很重要的。比如，在场的有很多女孩子，但愿你没碰到不自觉的男人，或者不太懂礼仪的男人。如果一个男人跟你握手，他拉着你的手长时间不放，你会有什么感觉？葛优演过一部获奖的影片叫《过年》，大概很多人都看到过。在《过年》里面，葛优就演了一个所谓有点色的姐夫。见到美女的时候，他就拉着别人的手不放，搞得人家女孩子很尴尬。由此可知，握手的时间和手位都很重要。用两只手去握着人家一只手，叫做手套式握手，又叫外交家式的握手。除非是表示故友重逢，或者热情祝贺，否则不来这一套，尤其异性不来这一套。现场的听众们，如果你是女孩子，过来一个男人跟你搞外交家式的握手，你是什么感觉？会使人很尴尬。在一般情况下跟别人握手，时间不能太短，也不能太长。所谓过犹不及，和别人握手最佳的做法应该是三到五秒钟。你别一碰对方的手就跑了。有些女孩子，作为男人我觉得她有娇柔做作之感，不就是握个手吗？她一碰你手就跑了，好像你是一电烙铁，我又没拉着你不放。除非是表示鼓励、慰问和热情，握手的时间可以稍微延长，但是绝对不要长过三十秒钟。握手长过三十秒钟，会令对方很尴尬，搞不好手心都攥出汗来了。

其三，力度。一般而论，握手时，我们都是用一只手去握对方的一只手。届时是手掌握着对方的手掌，而不是握着别人手腕，因

此要注意别握得太少。有个别同志，尤其是个别女同志，握人家的手时就碰一碰指尖。甚至有的人握都不握，伸出四个指头去僵直地应付别人一下，不用力，不晃动，好像一条死鱼。你会很别扭，这是非常不地道的做法。握手时一定要握着对方的手掌，停留三到五秒钟，最长不长于三十秒钟。而且，握手时最佳的做法是要稍微用力。当然我在这里讲的是一个理想状态。你们不是职业外交官，我也不跟你们讲得太专业，职业外交官的握手，一般强调握力在两公斤左右最佳。就是要稍微使点劲，以表示热情友善。不过你也别太狠，你拿出来要把别人的手给攥碎的那个水准，那也过了。我们跟任何人，包括跟异性在内，握手时稍许用力以表示热情，其实是非常必要的一种做法。

其四，寒暄。有的人与你握手时，你会很难受，因为他身在曹营心在汉。比如，你跟他握着手，你说："王主任，你好！"他却向别人打招呼："你好，老马、老张，你们都来了。"你不知道他究竟关注着谁？在社交场合，尤其是在正规场合，此类表现是非常令人反感的。握手时的寒暄有以下两大要点需要谨记：

一是要说话。与别人握手时一定要说话，不能默默无语，犹如惟有泪千行。比如，第一次见面要说欢迎光临、久仰久仰，或者问好。老朋友见面要问别来无恙，告别之时要祝一路平安。你不能不吭气。一言不发，说明自己不耐烦、不高兴。

二是要以表情进行配合。与人握手时，你的表情要自然、热情，自然、热情一点总是比较好。另外，还要强调表情中的一个要点，就是你和任何人握手时，必须同时双眼注视对方的双眼，千万不要东张西望。你宁肯别跟他握手，也别在此刻东张西望。否则你握手时身在曹营心在汉，眼睛注视在别处，你还真不如不去握对方的手。那样的话，你会让对方感到非常尴尬和难堪，有不被重视之感。

在礼仪的操作层面上，我喜欢讲两句话、七个字。第一句话，四个字——"有所不为"。学习礼仪、操作礼仪，最重要的是要记住什么呢？要掌握有的事是不能干的。比如，你跟异性握手时一般不要用两只手，跟别人握手时你不能不用力，不要握手时眼睛不看着别人，这就是"有所不为"。"有所不为"的问题不出现，就会少丢人，少得罪人。第二句话，三个字——"有所为"。其含义就是应该怎么干，怎么把这事做好一点，它是高标准的要求。比如，握手时要面含笑意，表情自然，注视对方，握力要大约两公斤。你知道握力两公斤是什么概念吗？我告诉你一个非常形象的比方：你拿着一只生鸡蛋，攥在手心里面，我拿筷子去捅它。捅不掉，你能握着它，但是还没破。你把它攥破了，你的握力大于两公斤；你攥的时候，我拿筷子一捅它掉了，说明没到两公斤。它是基本测试标准。实际上，你没有必要攥一个生鸡蛋，去尝试此方法。但是你得有这种意识，握手时你稍许用力总做得到吧。此即所谓"有所为，有所不为"。

第四，主要的禁忌。下面，向现场的听众介绍握手时的几条基本禁忌：

其一，忌心不在焉。在握手时不看着对方，表情呆板，不说话，眼神他顾，或心不在焉地握手，还真不如不握手。

其二，忌伸出左手。握手，尤其跟外国人去握手时，一定要记住：一般只用右手，通常不用左手，除非没有右手。因为很多国家，像新、马、泰那一带，或印度等国，人们的左右两只手往往有各自的分工。左手一般干一件事，右手一般则干另一件事。右手一般是干所谓的清洁友善之事，如递东西、抓饭吃或行使礼节。而左手则是干所谓的不洁之事，如沐浴更衣，去卫生间方便。你用自己的左手去跟那些有此顾忌的人握手，等于是把一只脏手伸向他人。此种做法是决不可容忍的。

顺便提一下，英语文化圈中，右是上位，是好的位置；而左是下位，是不好的位置。在英语中，左撇子有骂人之意，左撇子往往就是蠢笨的意思。

其三，忌戴着手套。国际惯例中，只有女人在社交场合戴着的薄纱手套握手时可以不摘。女人所戴的薄纱高袖手套属于社交装，它跟无袖礼服配套，平时可以不摘。此外，像我们一般所用的御寒的那种手套，皮的、毛的、羽绒的，与别人握手时则一定要摘。摘掉手套握手，通常表示尊重对方。

其四，忌交叉握手。在国际交往中，尤其是与西方人握手时，应力戒此举。它被视为大大的不吉利。

以上叫做"握手四不准"，即心不在焉，左手相握，带着手套以及交叉握手。与别人握手时，它们均在"非礼勿为"之列。

以上这些内容，就是我所讲的关于握手的礼节。谢谢各位！

第 7 篇

座次礼仪

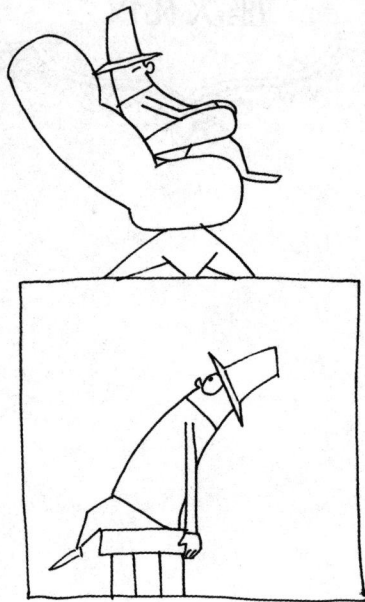

各位好，本篇将跟大家谈一谈交际礼仪中非常重要的一个问题，顺序与位次的排列。不管中国还是外国，但凡正规的场合，人们对排列顺序的问题都比较敏感。老百姓的语言把它叫做安排座次或位次。这个问题，有的时候不仅包括座次，还往往包括顺序。开会之时，主席台上谁坐？台下谁坐？它有个顺序；电梯间的出入，它也有个顺序。它有的时候是动态的，有的时候则是静态的。我们都可以称之为排序，或者座次、位次的排列。

中国人待客时有两句话：坐，请坐，请上座；茶，上茶，上好茶。

这两句话，你跟谁打交道时都离不开。但是由于过去我们经济不发达，人们的交际圈比较窄，讲究不见外，往往使"坐，请坐，请上座"在一般场合形同一句空话，因为很多人搞不明白究竟哪个座位是上座。金教授我本人就多次受到过这种待遇，被别人好心好意地给让到下座去了。您信吗？下面，给我们现场的听众出一个问题。我敢保证，由于您的经验不同，您的位置不同，您的见识不同，您所给出的答案可能会不一样。注意：现在有一座四层楼，会客室、贵宾室在第四层。您是一位秘书，您在楼下把客人从一层陪到四层来，不仅要从大门走到楼梯口，而且还要上下楼梯。我的这个问题就是，你在大门外面把客人陪到楼上，走这段过程，要走平面，还要走楼梯，你陪着这个客人上下楼梯，进入会客室，你和那个客人的标准顺序应该是什么样子？无非就是前后左右，你怎么跟客人排好彼此的具体方位？

这个问题其实有好几种回答。但是一般你要明白：你是个秘书，你去陪着客人走路你跟他的关系无非就是互动的，前后左右。首先，左右怎么分？你去看，有前后，也有左右。你的左右怎么分？请记住我下面这句话，这是接待礼仪的一个游戏规则，就是把墙让给客人。实际上，就是让客人走在内侧，而陪同人员则走在外侧。我国道路的行进规则是右行，那么你想想靠墙走是个什么概念？就是客人在右，陪同人员在左。换句话说，客人走在内侧，而你则走在外面。为什么要把客人让在靠墙的位置？因为这样客人受到的骚扰和影响少。假定外面下大雨，我陪着一个女孩子在外面走。污泥浊水积了很深，一辆汽车飞驰而过，会把污泥浊水溅起来。我要真是一位绅士，是一位有教养的男人，我就要主动走到外侧。万一那车开过来，溅起污泥浊水，我就是一堵挡风的墙。要把墙让给客人，这是基本的游戏规则。

那前后怎么分？这个有多种答案。如果客人不认路，比如，中央电视台我没来过，四通大厦我没上去过。在客人不认路的情况下，陪同引导要在前面带路。引导者，带路之人也。如果你躲到我后面，仅仅告知我上去，下去，拐弯，进去。岂非我是玩具，你是遥控？要你做什么？陪同引导的标准位置在哪里？在客人的左前方。还是要居左，因为你是外侧，万一对面有人来了的话，你别挡路。万一对面一辆垃圾车、运货车过来了，你可以让一让。客人靠里侧，他就不用让了。那时，需要你让让，你闪避。标准化位置在哪里？左前方1米到1.5米处。换句话说，一步之遥。你别距离得太远，也别距离太近。太近了，搞不好别人一脚把你的鞋跟踩掉，怎么办？一般的情况下，应该是身体侧向客人，这样你可以用左手去引导一下。侧向客人比较好，你别把一整个后部全对着他人。从礼仪的角度来讲，正后部对着别人是不太礼貌的，应该是侧前方。但是如果这个客人认路，比如，北京市市长、上海市市长，前去视察本市的乡镇情况。市长来视察就是检查工作，人家想看什么看什么。所以要记住，尊重客人的话，如果这个客人是熟人的话，就要把选择前进方向的权利让给对方。尊重别人，就是尊重别人的选择。你别告诉市长：这是我让你看的地方，别的地方不让你看。你不会这么说，他也不听你的。别人管的地方，别人想去看哪儿就看哪儿。

上下楼梯是有其讲究的。一般情况下，进行的前后顺序没有变。但是，特殊情况就不好说了。比如，在国际交往中讲女士优先。女士优先最常规的做法是：女士先行一步，把选择前进方向给她。但是，如果这个女孩子穿着超短裙，她现在上楼，尤其那种螺旋状的上升的楼梯，你能让穿超短裙，尤其是喇叭裙的女孩走在前面吗？！不可能！因为人们上楼有习惯动作，仰望。遇到这种情况，一般来说男士要走在前面。你别让女人尴尬，这才是一个有教养的男人。说白了，就是老百姓那句话，你得有眼色。

再举一个例子，国际会议的排序。改革开放以来，尤其是 20世纪 90 年代以来，我国经济可持续发展，社会稳定，国际地位空前提高，现在国际展会在我们这儿随处可见。本世纪头十年里，我们就有不少大型展会。比如，2006 年沈阳的世园会，2008 年北京的

奥运会，2010 年的上海世博会，就是在本世纪头十年我国所举办的三个最大的展会。这一类大型展会它就有问题，挂国旗，怎么排序？开会的时候介绍来宾，怎么排序？国际惯例，排列会议顺序时，通常必须按照国家名称的拉丁字母顺序进行排列。有人问：那不就是英文字母吗？不能说英文字母，因为实际上英文字母的祖宗是拉丁字母，除了英国用，法国、德国等国也用。

举一个例子，中国、意大利、日本、德国四方开会，你怎么排序？自然要按照拉丁字母顺序排列。也就是说中国可能就会排到前面去了，因为中国国名的头一个字母是 C。德国 D，排第二。意大利与日本可能就靠后了，一个 J，一个 I。那么每年一次的国际例会怎么排序，它的标准做法就是从 26 个字母中去抽签。抽中哪个字母，它便位列首位。字母要是 Z 的国家就倒了大霉了。比如，赞比亚，Zambia，永远是排在老末，不爽啊。所以人们后来就想了一个变通的措施：每次开会之前，26 个字母里抽一个出来，抽中哪个字母，那个字母打头。没准今天主席一抽，抽了一个 Z，第 26 个字母，赞比亚就排前面去了。还有一个问题，比如，澳大利亚和奥地利，这两个国家的名字中第一个字母一样怎么办？那就要看第二个字母。第二个字母也一样怎么办，那就要看第三个。字母全部一样怎么办？一般没有可能，最大的可能是你把同一个国家的名字写了两次。实践中还真有，这世界之大，无奇不有。我们知道历史上出现过两个刚果，那我们怎么办呢？我们的中文标法用括号把首都名字给它括一下，刚果（金），首都金沙萨。刚果（布），首都布拉柴维尔。讲这些我只是想告诉你：排序它是一门学问。当然我也跟别人开玩笑，在有的情况下，座次还是能不排就不排，不排不出错。如里不会排，就会弄巧成拙，结果贻笑大方。

下面，我跟大家讲一讲排序中最基本的几条游戏规则。

第一，要遵守惯例。 比如，我刚才所讲的国际会议、体育比赛，按照字母顺序排序就是个惯例。现在我们搞民主选举，讲究差额选举，差额选票上候选人名单排序的最标准的做法是按照姓氏的汉字笔画排列，这也是一种约定俗成的惯例。

第二，要内外有别。 "坐，请坐，请上座"是招呼外人的，我们跟家人则不讲这一套。我不相信现场的哪个男士今晚回家之后，

跟你老婆所讲的第一句话就是"坐，请坐，请上座"？！别人一

定会怀疑，你小子干了什么缺德事了，你什么地方对不起我了？一家人肯定不用这么讲究，但来了外人你是必须要讲究的。因为它内外有别嘛。

第三，要中外有别。中外有别的含义是：十里不同风，百里不同俗。你不能以偏概全，不能将中国与外国排序上的具体做法完全等同起来。譬如你是办公室主任，一个区政府的办公室主任。现在区政府开一个办公会。我是主管副区长，管经济、管外贸，我现在跟大家作报告，我面对着大家在台上就座，那些区里的部门领导则在台下我的对面就座。我正在讲着讲着，区委书记来了，就是我们这个区的一把手来了。区政府办的主任必须在台上给区委书记加个位置，让他也与我并排面对着各位就座。假定你是区委办公室主任，要在台上摆上区委书记的位置，你认为怎么摆是最好的？

在政务礼仪中，有关主席台的座次排列方式共有三句话：第一句话，前排高于后排。你看人大、政协开会，它有好几排，第一排的人肯定位置高，主要领导都在第一排。但是，安排两个人这个不成立，不可能区委书记坐前面、我坐后面，这不成立。第二句话，中央高于两侧。就是说把一把手，把地位高的人放在正中间，表示他的主要位置，我则可以退居一旁。此即中央高于两侧。第三句话，内外有别、中外有别。其实就是要区分是左高还是右高。政务礼仪讲究的是中国传统习俗，是有中国特色的做法。中国传统习俗是左高还是右高？不用我教你，中文早就教过你了，中文里前后左右怎么讲的，中文是讲前后、左右的。它说明左比右高，前比后高。简言之，左高右低。可是会有技术性问题，我在讲礼仪操作中多次讲过这个例子。我在这里要强调，因为这个问题容易错。这个技术性问题是什么呢？就是左和右是怎么确定的？请我们现场的听众和电视机前的观众动个脑筋，您觉得左右是怎么确定的呢？

我告诉各位，这跟您看书看报看电影时的习惯还真不一样。座次排列中的左和右，我们的专业讲法是指当事人自己之间的左和右。如果我和区委书记俩人在台上就座，我是二号他是一号的话，那么区委书记的座席应该摆在哪里呢？应该是摆在我的左边。我要是副区长的话，区委书记就应该坐在我的左侧，这是不讨论的。

但是，我国正在对外开放，中国正在走向世界，世界正在接受和了解中国。所以中国人不仅要讲中国传统，而且在国际交往中还要讲国际礼仪。比如，商务礼仪就是讲国际惯例的。因为中国已经加入 WTO，国际经济日趋一体化了。在那里你讲中国特色，有时候别人不会接受。国际惯例是怎么排座次呢？国际惯例排座次的做法跟中国传统排法正好相反，国际惯例是：右高左低。我想现场的听众，绝大多数人英文应该不错，英文里怎么讲左右呢？英文里左右的标准化说法是 right and left，即右左。假定你今天晚上看电视，国家领导人在我国境内会见外宾的话，我如果是国家领导人，那么外国客人应该坐在哪里？应该坐在我的右侧。大家电视上是不是天天看到这样的镜头？以右为上是国际惯例，而以左为上则是我国传统。因此我要跟你们强调，内外有别，中外有别。

总之，首先要遵守惯例，其次要注意内外有别，再者要勿忘中外有别。

第四，要掌握技巧。比如,我刚才所讲的就是一条很有用的技巧,左和右是怎么确定的? 是指的当事人之间的左和右。为了大家操作中方便,我在此跟同志们讲一讲社交场合具体排列座次时的五大技巧。你若能把它们记住了,排列座次时应该就不会有大问题了。

其一,面门为上。就是说,在室内活动的话,面对房间正门的位置是上座。大家到餐馆里面的雅座包间吃过饭吧? 在那雅座包间里,一般面对房间正门的位置都是主位。我们说那是买单的位置,因为它视野开阔。标准的报告厅、会场,主席台都是面对正门的。

其二,居中为上。就是中央高于两侧。需要区分中央与两侧的位次的尊卑时,自然是居中为上。

其三,以右为上。刚才我讲过：以左为上是我国传统习俗,它目前在我国主要是在政务礼仪中比较通行。在一般的社交活动、商务交往乃至国际交往中,我们现在都是在遵守国际惯例,而国际惯例都是以右为上。比如,陪同客人行进时,要把墙让给客人。墙是不是右? 吃饭的话,一般右手是主宾,它是不是右。实际上,我们平时大都是讲究以右为上的。

其四,前排为上。人大也好,政协也好,单位内部开会也好,台下坐的也好,台上坐的也好,通常是不是第一排的人位置高? 此即前排为上。

其五,以远为上。以远为上,就是距离房间正门越远,位置越高;距离房门越近,则位置越低。你离门近,就得开门得关门。现在刮风把门儿吹开了，谁去关？有人敲门，谁去开？不能让我这个主人去关吧，不能让我这个主宾去开吧？谁离门近，谁就须负责此事。

所有的位次问题，实际上就是上述这五种情况的组合。为了便于大家更好地掌握礼仪，我下面将把几种常见的、具体的排序问题介绍一下。

第一，行进的位次。刚才，我已经讲过：左侧低于右侧。一般要让客人走在内侧，居右；而陪同人员或者主人则走在左侧。有时尚须明确前方高于后方。除非这个人不认路。你看开运动会、开大会或国庆检阅，第一个出来的旗子是谁的呢？中华人民共和国国旗。因为国旗是我国最重要的旗帜，所以国内的任何会议最先出来的都是国旗，国旗之后才是彩旗，此即前排为上。有的时候人要是比较多怎么办？举个例子，我、我老婆、我娘，我们三个人上街，游公园去了。我们三个人游公园可能并排行走，并排走的话中央高于两侧。我这个儿子要是聪明的话，我就不站在中间。站中间的话，我两边都招架不起。我跟我娘多说两句，老婆可能不爽；我要是跟老婆多说两句，则可能我娘不爽。痛苦来自比较之中嘛。我若是足够聪明的话，我就站在或者坐在左外侧。跟她们说话时，我看着她们大家就行。

其一，出入房门。一般的游戏规则是：让客人或者贵宾在通过房门的时候先入先出，因为前面比后面高。同样的道理，在屋里就座的时候，应该让长辈、让客人先坐先起，这是基本礼貌。领导没坐呢、长辈没坐呢，客人没坐呢，你主人早已坐在那里了，那不合适。

除非你是他的长辈，除非你行动不方便。客人来了，贵宾来了，领导来了，长辈来了，依礼应该是他们先进门，先出门；先坐下，先站起来。主人可与对方同起同坐，但你别坐在别人前面，别走在别人前面，除非你是带路的。

其二，出入电梯。关于这个问题，我在前面曾经讲过一次，我现在想把这个问题说得再具体一点。我们在日常交往和生活中所碰到的电梯，大致是以下三种。一是平面移动电梯。首都机场去过吧？如果游过香港，它也有这种平面电梯。二是升降式电梯。升降式电梯又分两种：要么是有人驾驶的，要么是无人驾驶的。三是上下行的滚动式电梯，它多见于商厦之中。它们的位次是有讲究的，我下面分别说一说。

乘用平面移动式电梯与上下行的滚动式电梯时，一定要遵守一个游戏规则，就是要单行右站。所谓单行，就是切勿并排；所行右站，则是要求靠右侧站立。单行右站，近年来已逐渐成了人们的常识。但有时仍见到有人并排站在电梯上，上面有人、下面有人，或者后面有人有急事，你怎么过都过不去，被人挡住了。有教养的人要养成一个习惯，就是不管在滚动式还是平面移动式电梯上，你都不可以与人并排站立，并且应当自觉地靠右侧站立。万一旁边有人要过来的话，他能过去。后面有人有急事，他可以过去。比如，别人赶飞机，别人想跑过去，你们三个人并排站立，把路一挡，肯定有碍于别人。此时，请自觉尊重他人的权利。

那么，无人驾驶的升降式电梯呢？我再给各位出个小问题：

出入无人驾驶的升降式电梯时，你认为陪同人员应该先进后出还是后进先出？

如果陪着客人出入无人驾驶的升降式电梯时，陪同人员的标准化做法，是需要先入后出。先入后出，主要基于以下两个原因：一方面是安全上的考虑。你把门一打开，就把客人让进去了，里面有坏人吗？里面安全吗？再说句难听的，电梯底板上来了吗？它万一没上来呢？另一方面则是为了方便。电梯门口那个按钮，通常叫做升降钮。你一按它电梯下来，你一按它电梯上来。但是它到了设定的程序时间，15秒、20秒、30秒，就会自动关门。它要走了，万一这时候客人多还没进完怎么办？有同志着急，会拿胳膊跟门搏斗。有人还会把腿伸过去挡门，其实都不合适。电梯里面的那个按钮是开关钮。电梯里面的开关钮你一按，门儿就会自动地开着，不会出现夹人的问题。此即陪同人员需要先入后出的原因。

有人驾驶的升降式电梯，有时候你也会碰到。它由专门的电梯员给你开电梯，为你服务。出入有人驾驶的升降式电梯时，一般的标准化顺序是什么呢？应当是客人先进先出，陪同人员则是后进后出，跟行进时的常规做法相似。但对此切忌绝对化。比如，你进了电梯，里面人很多，七八个。你是最后一个进去，堵在门口了。那你到时候就得先出来，否则你最后一个进去，那儿人多，你堵在门口，你让别人怎么出来？后进后出的前提，就是电梯里面人少的时候。

第二，会客的座次。给我们现场的听众出这样一个小问题：你是一个女孩子，你到我办公室做客来了，或者我到你办公室去做客。屋里就咱们两个人，有一个长沙发，我坐在长沙发上了，我对面还有一个单人沙发。我先坐了，我年龄大，我是老师，我是长辈，我坐在这个长沙发的一侧了。你这个女孩子是跟我一块儿坐在长沙发上好呢？还是坐在我对面好？

有的公司招聘雇员时经常会使用这种问题，它实际上是一个很灵活的问题。

会客时，排座次一般有以下几个模式：

其一，自由式。自由式，就是随便坐，它通常适用于私人交往或者说是不好排座次的时候。你们兄弟姐妹过年去给老爸做寿或者过年吃年夜饭去，排座次吗？老大坐第一号，老二坐第二号，老小把门，科长坐第一桌，科员站着，一般人不吃？没这个说法。大家都是自由坐的。

其二，主席式。比如，你老爸做寿，那大家都坐老爸对面，给老爸做寿，围着老爸，此即主席式。它犹如众星捧月。就像老师讲课，就像我现在一样，我一个人坐在上面，我面对着你们大家，你们大家在对面捧我的场。它表示明显的上下级和尊卑关系。

其三，相对式。面对面就座，叫相对式。

其四，并列式。并排就座，叫并列式。

下面，回过头来回答刚才我的那个问题。如果那个女孩子先坐了，我到她办公室里去，女孩子已经坐在那个位置上了，金教授要选位置的话，金教授就只能坐在她的对面，即选择相对式。

171

相对式的含义是什么呢？是公事公办，有意与交往对象拉开距离。例如，商务谈判，领导向部下布置工作，警察询问犯罪嫌疑人，它们一般都采用相对式。即表示公事公办，拉开距离。我是一个男人，我要想让那个女孩子有安全感的话，与之就要有点空间距离，我只能主动坐她对面去。但是如果那个女孩子是我的晚辈，是我的侄女，或是我的学生，她若想对我表示尊重和友善的话，她其实是可以跟我坐并排的，即选择并列式。并平列式表示关系平等，表示亲密和友善。距离实际上是一种关系，距离是一种态度。你要明白：并排就座，是平起平坐，它表示亲密友善。所以会客一般都是并列式，你看国家领导人会见外宾都是并列式。而谈判则多为相对式，因为谈判大都是为实质性问题而讨价还价的。

第三，轿车的座次。如果你去迎送一个客人，采用的是双排座轿车，诸如别克、捷达、雅阁、红旗。请问在双排座轿车上面，上座应该是哪个位置？第一号位置，即让客人就座在哪里比较好？

它其实是比较麻烦的，需要因人而异，因时而异。最标准的做法是什么呢？我说了你可能会笑的，最佳的做法是：客人坐在哪里，其实那里就是上座。你当然可以把他往上座去让，别人愿意不愿意坐你则管不着。尊重别人，就是要尊重别人的选择。你要尊重别人，就要尊重人家自己的意愿。别人打算坐那儿，可能有人家自己的考虑。有一个朋友请我吃饭，他就不愿意坐在面对着正门的位置上，尽管那里是主位。他告诉我：认识他的人很多，他是当地的名人。他往这儿一坐，熟人进来都跟他干一杯，还不喝死他？他就喜欢坐在一个别人看不见他的位置上。他有自己的考虑，人站在不同的位置上，想的事情往往是不一样的。具体来说，轿车的类型不同，其座位的讲究往往不一样。比如，吉普车上座是副驾驶座。注意了吗？它底盘高，功率大，越野是其主要功能，你要坐在后面还不颠坏了。我们北京和外地很多城市前几年有小巴，小巴一般是多排座的车。它的上座在哪里呢？离门越近，位置越高。原因是那样上下车时方便。你坐小巴时，愿意坐到里面去吗？那样的话，上下车时需要两三分钟，你不烦吗？

轿车的具体类型不同，其座次的尊卑排列讲究是不同的。双排座轿车，比如，别克、雅阁、桑塔纳，它的哪个座位是上座呢？实际上这跟司机和坐车的人关系有关。一般的游戏规则是：主人亲自开车时，上座是副驾驶座。你跟我是朋友，我开车去接你，你能坐到后面去吗？我好心好意接你去，我是看得起你，否则我让你打的过来给你报销行不行？主人亲自开车接送客人时，客人是不能坐到后面去的。你坐到后面去便等于宣布，我成了给你干活的了。当然，主人开车时如果他的配偶在车上，那没你的事了。那时，应当是他们两人平起平坐，人家跟你假客气让你到前面去，你也别去，否则你是灯泡。

另外一种情况，是专职司机开车。就是出租车司机或者单位车队司机班的师傅开车，他接你送你是为了工作，而不是看得起你、对你示好，他是公事公办。专职司机开车时，上座是哪个位置呢？副驾驶身后的位置。我国车辆右行，此时双排轿车的上座实际上就是后排右座,因为方向盘居左。在我国香港地区则是方向盘居右,它是左行,那么上座就是其后排左座,为什么?其原因,一是安全。现在车辆一般出问题往往是追尾或者碰撞,坐副驾驶座在一般情况下伤亡率较高。为什么主人开车我坐那儿呢?舍命陪君子。你说说,我老婆开车的话,我不在她旁边给她壮胆,谁给她壮胆?那是特殊情况。二是方便。坐在后面右座的话,实际上上下车比较方便。因为我国车辆右行,我坐在后排右座时伸腿上车、抬腿下车。你坐在左门有时候很别扭,出租车的左门都是锁死的。到酒店去过吗?轿车若是停在酒店门口时,其后排右侧的门应正好对着大堂正门。酒店的门童都被我这种人教育过,开门时只开后排右门。因为他知道,那个位置是车上最重要的人。你坐在左门的话,对不起,没人理你,你自己自助吧。

其实,轿车上座还有第三种情况,即 VIP 的位置,也就是司机身后的位置。高级官员、高级将领、知名人士、商界巨子,实际上都比较喜欢坐那个位置。那个位置好处有二:一是安全。出车祸时那个位置的死亡概率、负伤概率通常较低。二是隐私。它的隐秘性比较高,别人看不见。像刘德华之类的,明星曝光率太高,没有什么个人自由。他今天想悄悄出去吃顿饭,你让他坐在后排右座,红灯一停,人们会很容易地发现他。他坐在后排左座的话,有点距离,再加上汽车的窗户覆膜,人们不趴到窗户上看,一般看不到他。坐在那里,有助于保护个人隐私。

我刚才举的一些例子,诸如开会座次排列顺序,轿车座次排列顺序，出入电梯排列顺序，会客排列顺序，进入房间排列顺序，就座排列顺序，引导客人排列顺序，实际上仅为位次排列中的部分情况。我们这里对其进行较为详尽的讲授，是要引起大家的重视。排列座次不仅是尊重别人，在某种意义上也是尊重自己。我们在此方面照章办事，说明我懂行，说明我讲规矩。它实质上反映着个人的素质问题。谢谢各位，本篇到此为止。

尊重上级是一种天职，尊重同事是一种本分，尊重下级是一种美德。

尊重客人是一种常识，尊重对手是一种风度，尊重所有人则是一种教养。

我们必须强调：运用礼仪、学习礼仪时最最重要的就是尊重！

——金正昆

第 8 篇

电话礼仪

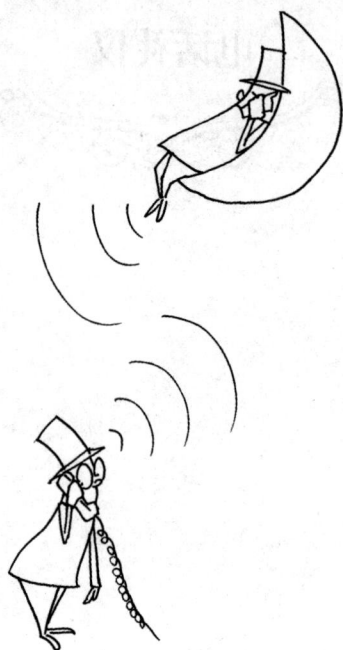

在现代人际交往中，电话日益成为人们沟通的桥梁。聊天谈事情，约会交朋友，人们在享用电话所带来的便捷的同时，却发现烦恼随之而来。您是否遇到过这样的情况，忙碌的时候总有电话捣乱，甜甜的美梦常被铃声打断。电话仿佛是一件令人摸不透的宝贝，运用得体，它会带来成功；运用不得体，它却会成为人们交往中的绊脚石。

其实，困惑人们的还不仅仅是这些。电话什么时间打最得体？使用电话又有哪些技巧？……现在，让我来与你谈一谈如何打造一个彬彬有礼的电话形象吧。

昨天，我接了一个打错的电话。

一个女孩子问我："你这儿是保洁公司吗？"

我问："是哪个保洁？是宝贝的'宝'，清洁的'洁'？还是保卫的'保'，清洁的'洁'？是化妆品公司，还是打扫卫生的公司？"

她说："我找打扫卫生的那种公司，就是保持清洁那个公司。"

我说："你找它干吗？"

她说："我找工作啊。"

我说："抱歉，我不是它的老板。"

她打错电话了。连一名找工作的小妹用的都是手机，可真是说明了手机极其普及。既然电话座机和手机已经深入了人们的日常生活之中，"昔日王榭堂前燕，飞入寻常百姓家"，那么电话礼仪的运用自然就比较重要了。

人们经常都会受到这样一些打扰，比如，你睡觉了，座机却突然响起。打电话者说他有急事，其实也不是什么急事，就是问你明天在一块儿吃顿饭行吗？电话什么时候打来的？凌晨两点！又不是救火，客观上是骚扰你。又如，手机被错拨了。这是常有的事，但是我建议：一是拨之前你认真把电话号码看看，尽量别搞错。二是万一打错说声"抱歉，对不起"行吗？再如，手机短信。我们知道，中国在世界上是手机短信使用量最多的国家之一。我们经常会使用短信，逢年过节，走亲访友用短信替代一下，也省事了。但是，我经常遇到这样的短信，我不知道你们遇到过没有，就是没有署名。你不知道发短信的人是谁。我的朋友比较多。有人给发来一条短信："金教授生日快乐！"挺看得起我，我的生日他都记住了，但却不知道他是谁。你想想：我有可能会查出来你是谁吗？万一我查不出来，你这个短信不就白发了吗？这又不是谈恋爱，需要高深莫测，那还行，那有点神秘感。咱不是那个关系，干什么不在短信之后署名呢？由此可见，电话礼仪确有必要来讲一讲。

礼仪是什么呢？我曾经给礼仪下过一个定义，我说：礼仪就是行为规范。什么意思？礼仪其实就是标准化做法，就是待人接物、日常交往中的标准化做法。下面我从这个角度来谈谈电话礼仪。

首先，我主张机关也好，公司也好，企业也好，个人也好，都要有电话形象的意识。有的时候，我们跟别人沟通，未必亲自见面。没准就是打电话，我到你酒店去也好，我到你商场也好，我想买你的货、订你的东西也好，我往往就是打电话。一个电话打过去，彼此如果印象好，没准一单生意就签下来了。一个电话打过去，如果印象不好，就可能没有下文了。

那天，有一个公司请我去讲课，我告诉他们老总："我有个小动作，机关也好，企业也好，请我讲课的话，我一般都要请人帮忙先去录个音。"

"录谁的音呢？"

"录你的营销电话、值班电话、服务电话。"

我录你窗口部门办公电话的音，因为它是你的公司形象啊。你是不是训练有素，你是不是不厌其烦，你是不是热情友善、溢于言表啊？把录音拿来听一下，往往一目了然。当然，我们也见到有些人不太注意这个问题，比如，你打电话时经常会碰上这样的人，拿起电话后先把你熊一顿。

那天，我给一个部门打电话。我说："有件事，我要报销一张发票。"

他问我："你着什么急？"

我说："我想问一下什么时候能报？"

回答是："你放心，我不死你就能报。"

他跟谁生气我不知道，他干吗跟我生气啊？他实际上只会给我这样的感觉：一是此人素质不高，二是这个部门没规矩。有道是：员工个人形象代表组织形象，员工个人形象代表产品与服务的形象。我这一辈子可能就给你这里打一次电话。你留给我的印象不好，我可能就会由此认为你这家公司不好，你这家企业不好，甚至连你的产品和服务都是不好的。我不买你的行吗？我不消费你的可以吗？从这个意义上来讲，人人都要有电话形象的意识。

电话形象，通常是由以下三个要素所构成的：

其一，时空的选择。就是电话应该什么时间打，在哪里打。

其二，通话的态度。指的是通话时你的语言，你的表情，你的动作。

其三，通话的内容。即通话时你说什么。

这三点，时间空间的选择、通话的态度及其通话的内容，具体构成一个人乃至一个公司、一个机关的电话形象。下面我分几个具体的问题来谈。

首先，我来谈一谈打电话。下面问大家一个问题，现场的听众和电视机前的观众，如果你现在决定给别人打个电话，比如，你给金教授打个电话，或者给你的同事、给你的客户、给你的爸爸妈妈打一个电话，你认为哪一个问题最重要？"

以下几点，都是打电话者务必要注意的。

第一，时间的选择。如果你要想确保所打电话的质量，你想把这个事说清楚，你想把这个事搞定了，首先你就要注意时间的选择。比如，你跟私人通话，你就要选择效率高的时间。换句话来讲，也就是别人不会讨厌你的时间。

对我们中国人来说，你和任何一个人打电话，包括我、包括你的家人在内，休息时间都最好别打。除非万不得已，晚上 10 点之后，早上 7 点之前，没有什么重大的急事都别打电话。万一有急事需要打电话，你第一句要说的话是"抱歉，事关紧急，打搅你了"，否则的话别人会烦的。再者，就餐的时间别打电话。说实话，我们大家都挺忙的。我和你一样，中午就那么一个小时的时间吃饭，你还给我打个长长的电话，会影响我的食欲啊。此外，还要注意，节假日若无重大事情也不要打电话。

在传统农业社会里，一些人有一个习惯：不太尊重个人隐私。我曾经讲过，拜访客人也好，打电话也好，都尽量不要占用对方的节假日。节假日是我的空间，我喜欢关掉电话，我喜欢跟家人在一起，或者我喜欢独处。我难得有个七天长假，你却天天给我打电话，找我聊天，一块儿吃饭又串门，肯定会影响我的私人安排。我们讲了，尊重别人就是要尊重对方的选择。这个理念一定要树立。所以节假日没有什么急事，就免打电话吧。可以用其他的方式与别人联络，如发个短信或者诸如此类，别打电话。如果是外国人，尤其是对方住在美国、欧洲这样距离较远的国家你更要注意，打电话还要明确时差的问题。你这儿是白天，没准别人刚睡觉。

第二，空间的选择。什么意思呢？一般来讲，私人电话是在自己家里打的，办公电话则是在办公室打的。别贪占小便宜。相信你也知道，有极个别的人特爱占小便宜。

经常有人告诉我："老金，有国际长途要打吗？"

我说："有啊！"

"到我们公司来吧，我们公司可以白打。"

不合适，便宜没有这么占的。一个文明的人，一定要讲游戏规

184

则。不要贪占国家资产，也不要侵吞他人或者公司的资产。私人电话就要用你的手机打，用你们家的电话打。别占公司的便宜，别占政府机关的便宜。还有一点要注意，如果你要在公众空间打电话的话，实际上对别人是一种噪音骚扰。一个有教养的人，是不会在公众场所打电话的。在影剧院、会议中心、餐厅、商场，经常有些不自觉的人拿着电话大吵大嚷说个不停，令人甚是反感。

有一位外国友人在几年以前曾经问我："你们的移动电话是不是在人多的地方才比较容易拨通？"经常有人这么干，打着电话在公共场所里旁若无人，横冲直撞，影响别人。如果当时你正在看电影、看电视、听音乐会呢，多难得的一个欣赏机会，他那里手机却哇哇乱响，非常不好啊！

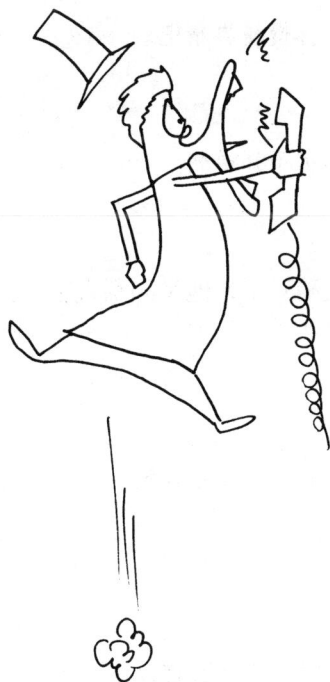

第三，通话的长度。电话打多长时间为好呢？在实际生活中，你有多少事，就该说多长时间。要说清楚为止，把事搞定了。但必须注意，从互相尊重这个角度来讲，通话时间宜短不宜长。电话礼仪有一个规则，叫做通话三分钟法则。什么意思呢？就是你跟外人通话时，每次的时间应该有效地控制在三分钟之内。其含义，倒不是说让你掐着表，或者每次通话之前定好闹钟，到三分钟突然就断电，就打住，不是那个意思，而是要求你"长话短说，废话不说，没话别说"。

有的人打电话时很烦人，他一拿起话筒就跟你玩捉迷藏：

喂，你猜我是谁啊？

你听不出来啊，你慢慢再猜吧。

不对，你再猜。

不对，我是谁你都不知道啊。

好不容易被别人猜对了，他又问别人：

你猜我在干什么？

不对，不对，不对，我在吃东西。

你猜我吃什么呢？

不对，你没认真猜。

不对，我告诉你吧，我什么都没吃。

他真的是有坏毛病啊！有自恋癖倾向。任何一位有教养的人，都应该是一个办事有效率的人，是一个尊重时间的人。时间就是金钱，时间就是效益，时间就是生命！我们的生命是由时间所组成的。浪费别人的时间，就是浪费别人的生命。所以打电话的时间一定要短！如果是在公司企业里进行内训的话，我经常给员工的一个忠告，就是要养成打重要电话前列提纲的习惯。譬如：

我找张三，我没给他打过电话。我首先要知道张三有几个电话号码，第一个打不通我就拨第二个，省得再去找，我也省时间。接下来，我跟张三要说几件事。我所要注意的是什么呢？倒金字塔形排列，就是要把最重要的事首先跟他说："张总，我想请你讲课。""李经理，我想在你那儿定一桌餐，我想消费的标准应该是在 3000 元左右。"要把最重要的事情首先交代给别人。你别在那儿打太极："我想在你那儿弄桌饭吃，你一定要帮忙，你要帮我定个大的房间，你要给我安排好了。"唯独不说钱，不说钱怎么给你安排呢？你要先交个底："我是 3000 元的消费标准，请你看着办。"

第四，自我的介绍。一个训练有素的人，拿起电话之后要顺理成章地进行自我介绍。按照电话礼仪的标准，自我介绍有下列几种模式：

其一，录音电话的模式。录音电话的模式就是报电话号码。我刚才讲了，报电话号码的好处是：万一有人拨错了，你跟他确认一遍，他不至于再错。我经常碰到这样的事：

他打你手机拨错了，你跟他说："错了。"

他一会儿又打进来，你跟他说："又错了。"

他还会打进来，并且还骂你："干吗装洋蒜，不接我的电话？"

若你跟他重复一遍自己的电话号码，他稍微理智一点，就会核对一下，便不至于一错再错。

其二，公务电话的模式。公司总机或者部门通电话，一般报单位名称。比如，你好，联想集团！你好，上海东方电视台……报的都是单位。

其三，私人电话的模式。专用电话，比如我家私人电话或者我这里是董事长的电话，专用电话一般是报什么？报姓名。此即私人电话的模式。因为这个电话就是我的。我的习惯是拿起话筒："你好，金正昆。"我先报姓名，让对方验证是不是打错了。

其四，社交电话的模式。在社交中通电话，一般要报三要素，单位、部门、姓名。因为别人可能不知道你是什么头衔，不知道你是谁，所以你要全报。此为社交电话的模式。我经常遇到这样的事，他跟你说了半天，你不知道他是谁，你还不好意思问他，因为你听他的语气，他跟你很熟："金教授，上次在一块儿吃饭，我们坐在一块儿。好长时间不见了，打电话问候一下。"你根本不知道在哪儿吃饭，也不知道他是谁。对方要足够聪明的话，务必要首先报一下："你好金教授，我是海达公司的王军，副总经理。上次我们在一块儿吃过饭，记得交换过名片。金教授，我们最近想请你讲一课。"一定要说清楚！否则你跟我寒暄半天，我也不知道你想干什么。因此，打电话时首先进行正确的自我介绍是不能缺少的。

第五，通话的终止。如果你不想继续通话了，你想终止通话的话，可以适当的方式去暗示另外一方。怎么去进行暗示呢？常规的做法，就是重复要点。

王总，我们这次就说定了，下个星期我付款，按照你所提供的账号，我会把我货款的首期打给你，按照我们刚才约定的付10％。王总，如果我没有记错的话，你的账号会在下星期一早上传真给我。传真给我之后两个小时确认无误，我就会打款了。

可能对方记错了、说错了，也可能对方忘记了，你去重复一下，说明自己是个训练有素的人，是不说废话的人，而且也等于告知对方：双方通话可以到此适可而止了。

第六，谁先挂断电话？想问一下我们现场的听众，你认为打电话时谁先挂比较合适？

打电话时谁先挂呢？有同志经常会出现一些错误的想法，有的人钻牛角尖，有的人则不规范。比如有人告诉我谁打谁就先挂，还有同志告诉我对方挂。他是好心，但是结果不好，行不通。假定中央电视台规定打电话对方挂，广东电视台也规定打电话对方挂，那我们在场的观众和电视机前的观众都设想一下，若中央台和广东台相互通话将出现何种状态？两边都先不挂，大说其废话，都等着对方挂。此说根本没有可操作性。

打电话时谁先挂呢？交际礼仪的标准化做法是：地位高者先挂。我是晚辈，我和爷爷、爸爸或叔叔通话，请长辈先挂，对长辈的尊重尽在不言中。刚才说了，尊重别人就是尊重别人的选择。别人不想再说了，他就挂了。他说没说完是由他自己决定的。我是下级，我跟上级通话，理当由上级先挂。我经常开玩笑说："我是怕老婆的，所以我跟老婆打电话时，一般都是老婆先挂，不然怎么能证明她是我家老大？"地位高者先挂！有些人会问：我俩地位一样，我是男孩，他也是男孩；他十九，我也十九；他刚上大学二年级，我也是二年级；他三月八号生，我也三月八号生；我俩就是半斤和八两。万一碰到这种情况，谁先挂？一般是求人的人要等被求的人先挂。你找别人说事总有一个谁求谁的问题："金老师帮我借本书？""老刘，我有一道题不会做，你帮我说说？"由被求的人先挂，实际上是一个摆正人与人之间位置的问题。

关于接电话的礼仪，主要有下面几条需要注意：

第一，铃响不过三声。打电话的最重要的原则叫做通话三分钟法则，接电话的基本规则则叫做铃响不过三声的法则。什么意思？就是要及时接听电话。尤其是你约好了时间，今天晚上八点让别人给你打电话，你约好的让别人给你打，别人打来的话你再不接那就是严重的失礼。我们有时候会碰上两个极端，一种极端就是有些人宁死不屈地在那儿听着铃响不止就是不接，另一个极端则是电话铃一响马上伸手就接了，过犹不及。你想想，因为现在电话高新技术含量非常高，瞬时接通，我们一般的经验，铃声总要响上两声才接，你这儿电话铃声一响就接了，我这儿还没作好准备呢！我经常碰到这种事，要不那边不说话，要不你这儿刚一拨那边就说话，吓你一跳。

训练有素的白领都有这样一个经验，桌上的电话铃响了之后，手先上去，等它响两声、三声的时候再接。这样会显得自己不慌不忙。很多国外的大公司都有规定，铃声要响到六声以上你才去接的话，第一句话要说"抱歉，让您久等了"。因为别人要求你办事，很可能这个电话拨不通他到别的公司去了，他不找你了。他找你是看得起你，你接电话迟了理当及时地表示一下歉意。

第二，不要随便叫别人代接电话。如果你在现场，电话是找你的，尤其打的是你的电话，你就不要找外人去代接，尤其不要让孩子、秘书去代听已经有约在先的电话。请注意：约好他人给你打电话，届时就不要让别人去听，这是对通话对象的一种最基本的尊重。

下面我再问大家一个问题：如果我打电话给你，你不在，比如你是王处长，我是李处长，我是你的合作单位的一个处长，我们俩是平等的关系。我李处长找王处长，王处长不在。现在请各位，电视机前的或者现场的听众，你们冒充一下那个被找的王处长的秘书，去代接电话，你会如何文明而礼貌地应对我？

经常，我们身边的领导或者同事、家人不在，你替他接了电话。他不在的话，你要会表达自己的善意。训练有素的代接电话的人要首先告诉对方，他找的人不在，然后才能问对方是谁，对方有什么事。千万别倒过来了。我经常碰到类似下面这种事：

你打电话找王处长，王处长不在，李秘书代接电话。

你说："请问是国际交流处吗？"

"对，先生你好，我们是国际交流处，先生你找哪位？"

"我找你王国华，王处长。"

"先生你好，你找王处长什么事？"

"我跟王处长是大学同窗啊，说好了今天给他打电话的。"

"先生你到底什么事？"

"我现在路过你们北京，想过来看看王处长。"

"先生你好，我们欢迎你！先生你大约会什么时候来？"

"我大概半个小时以后就可能到你们那儿。"

"先生不好意思，我告诉你，王处长不在。"

他耍我，他吊我胃口，他使我怀疑王处长在他的边上埋伏着。聪明的人那时会首先讲："先生不好意思，王处长不在。"然后再问："您是谁？您有什么事？"这个就比较好，否则我会怀疑，我想的是王处长一看这个号码似曾相识，就叫李秘书过来帮他问："这个人是谁？""处长，是那个上海的什么李处长。"问"什么事？""想来看你。"问："什么时候来？""马上就到。""告诉他，我不在。"这个推论是成立的。所以，你别乱说，你要合理而有序地进行表达。

第三，认真地进行自我介绍。接电话时，合理而有序的表达的非常重要的一个内容是：自我介绍。我经常遇到这样的事，电话拨错号码了，就是打电话的时候我确实是打错地方了，那边人不说明。他问你什么事，你跟他说了一遍，他最后才告诉你打错了，这不是气死人的事吗？我拨错了号码，你跟我说一声啊。接电话时，下列三句话不能少："你好"，自报家门，"再见"。自报家门，即自我介绍。它跟打电话一样，要么报电话号码，要么报机关名字，要么报姓名，或者合报——单位、部门、姓名一起报。别跟别人说你猜我是谁啊，那样做人家会烦的。

第四，电话掉线时的处理。经常有这样的事，比如打手机时，说着说着就中断了。可能是没电了，可能是掉线了，也可能是到了死角了。遇到这种事怎么办呢？接电话的一方有责任告诉对方，比如你该说："不好意思，金教授，现在我在的这个位置可能网络没有覆盖，噪音很多。金教授你看这样好不好，我先把电话挂了，然后你指定一个时间我打给你。"说一下。万一它没有一点先兆就断了，那你马上要把电话打回去。打回去的时候，第一句话就要讲："金教授不好意思，电话掉线了。"或者是："不好意思，金教授，我手机的电池用完了。"你一定要说一声。地位低的人要把电话首先打回去，这是对别人的一种尊重。像我刚才说的那种情况，万一通话效果不好，你可以跟他约个时间，但是你约的时候别胡说："金教授你打给我吧。"你是晚辈，我凭什么打给你啊，我把电话打给你我还得花钱呢？你可以约个时间，我要愿意打再打，我要不愿意打就罢了。别忘记，此刻是你求我，求人要像求人的样子。

第五，拨错的电话的处理。公司有明确的规定，如果外人打电话拨错了，接电话的员工第一句话要说明："先生你好，您拨错电话了"，第二句话要把本单位的电话重复一下，让对方验证不是骗他。第三句话则要问对方"您需要帮助吗？"。

比如，他找中央电视台第八频道，现在拨到第十频道来了。我会告诉他："先生你好，我们确实是中央电视台，但是您可能不太清楚我们各个频道办公的位置不一样，工作电话也不太一样，我这里是第十频道。先生您若需要帮助的话，我现在可以替你查一查第八频道的值班电话，您看需要吗？"

别人一听，人家多有教养。有的同志不太有教养，他接到错拨的电话后，就会训斥对方："瞎眼了你，瞪着眼睛看好，下次看清楚再拨，否则我打爆你。"这种表现，证明此人没有教养。

第六，多个来电的接听。在接电话的时候，有时会出现这样一种情况：你现在在上班，你正在接一个电话，这个电话很重要，另外一个打来的电话你看了一下来电显示号码，也挺重要的。现在有外人在场，我想请问你接还是不接后者？

我经常遇到有这样的人，比如：

我在他办公室里。他正在打电话，或者没打电话，正跟我聊天。

突然桌上电话响了，我那时会跟他说："王主任，你接电话吧，我可以暂时回避一下。"

他却马上告诉我："不接，咱俩继续聊，不用管它。"

也许有些人会说："这不挺好吗？说明重视你嘛！"其实我的感觉并不好，我感觉到你不尊重打电话的那个人。你凭什么不接他的电话？我心里会想到别地儿去了：怪不得昨天下午我给你打电话你不接，原来你正忙着跟别人聊天呢。

任何一个有经验的人，在外人面前，打进来的电话都是一定要接的。但是，你当时需要妥善地对其进行处理。比如：

你正在跟我谈着呢，外面的电话打进来了。你不接不对，长时间接听也未必正确。你不方便接听的时间太久。因为你跟他说话长了就冷落我了。你只须对他说一声："王主任，感谢您给我打电话，我也很惦记您呢。不好意思，现在人民大学的金教授正在我这儿谈工作呢。您看这样好不好，您指定一个时间，我跟金教授说完了事，我那时会给您打过去。"

其含义：一是暗示你边上有人，不宜探讨深层次问题。二是让他选择一个时间，届时由你打给他，说明重视他。这种技巧的运用，在对外交往中，尤其在商务交往中，往往不可或缺。金教授讲过一句话：教养体现于细节，细节展示素质，细节决定成败。这些细节你若不注意，搞不好会得罪对方的。

最后我想跟大家讲一讲移动电话的使用。在现代生活中，移动电话已经是非常非常之普及，记得我 10 年以前在北京人民广播电台讲过电话礼仪。那时我在那儿喋喋不休地讲寻呼机的使用，而今我再去讲寻呼机可能就没什么听众了。那个时候有手机的人没几个，你讲手机礼仪大家没兴趣，大家想听的是呼机礼仪。当时最流行的语言是"呼我"，现在你再说"呼我"，好像就有点太落伍了。

关于移动电话的礼仪，有以下几点必须遵守。

第一，安全地使用。

现代社会，和平发展是其主题。只要是中国人民，我们就都是自己人。但是，我们不能否认不安全的因素是存在的。一个有教养的、有经验的人，是不应该使用移动电话去传送重要信息的。有些非法组织、非法人士使用窃密的工具，搞不好你电话中的那些信息资料就被别人窃取了。从保守商业秘密这个角度来讲，移动电话是不适合传递重要商业信息的。这个常识我们是要有的。大家知道，如果使用技术手段的话，不仅仅打电话的人在什么位置可以被别人知道，而且你所讲的内容别人也是可以知道的，此处所讲的是使用非法手段。到国际社会中去，防人之心不可无，这样的事一定要注意。你别在这儿跟总公司汇报谈判底线，底价是多少，合同上哪些细节要注意。你在那儿一说，别人可能会全知道。此外，你还要注意遵守关于安全的若干规定，比如开车的时候不打手机，空中飞行时手机要关机，加油站、病房之内手机不宜使用。一般情况下，不要借用别人的手机，这也是个基本礼貌。自己人，家人、朋友、兄弟、姐妹那还无所谓，外人尤其是陌生人的话，借用别人的手机就是没有教养的标志，除非是紧急事端，救命，那是另外一回事。

第二，文明地使用。这里所讲的文明使用，就是你使用手机时要有那种尊重人、爱护人、关心人、体谅人的感觉。比如，在公众场合要养成手机改成震动或者静音甚至关机的习惯。不要在大庭广众之下手机频频地响起，更不要在人多之处接听电话。像我们的会议上，我们的公司里面，我们的企业里面，甚至我们的学校里面，手机铃声随时响起的状态，在国际社会是比较少见的，它恐怕是一种文明程度的问题。要维护我们中华民族的形象，就要从我做起。

现在手机有一些特殊的附带功能，比如发短信摄像、拍照。你要注意，拍摄别人要征得对方同意，要尊重隐私权。发手机短信，则应是那种有效的信息或有益的信息。别动不动就给别人发黄色段子，或是无聊的信息、垃圾性信息。

有一个朋友那天跟我说他气死了。他是一位五十多岁的男同志，也是有职、有权、有地位、有面子的一个人。人比较拘谨，不太爱开玩笑，那天他却跟老婆翻脸了。为什么呢？他的手机在桌子上放着，他老婆好心，一看它震动就帮他去看，来了条短信。我那个朋友叫李军，那短信是：军哥，好想你，想你想你好想你，军哥，一定要想我呀，落款，红红。这个红红，大家想肯定是个女人。于是，老婆跟他翻脸。这个老兄后来忍无可忍就领着他老婆去找这个红红。原来那位红红是个男人，叫马大红，比我们这个军哥还要大两岁。他那天喝高了，就发信息去骚扰军哥，但没有想到这个玩笑开得过头了。

第三，规范地使用。我曾反复地强调：礼仪就是行为规范。手机的规范使用，主要包括以下三个细节：其一，讲究礼貌。通话的整个过程，不管你是打电话还是接电话，它其实跟座机的使用是一样的，礼貌用语要有，电话该是谁先挂就是谁先挂，该说道别就要说道别，如此种种，都要讲究礼貌。举个简单例子。

假定我是地位高的人，你是我学生。我在挂电话之前一定要跟你说一声再见，说再见的意思是什么？就是告诉你我要挂电话了。你有没有遇到这样的人：电话拨通了不跟你呼应。他嫌累，把电话在这个脖子上夹着，等你说话。你半天不说，他突然来一句："说话！"吓你一个半死。还有的同志挂电话也不先打招呼，他问："你有事吗？"你说："没事。"他"啪"就给你挂了，别人正在那儿洗耳恭听，结果被"打击"了一下。这是非常不礼貌的。

其二，不宜借用。我刚才强调过：手机不宜相互借用。它的卡、内存、短信、电话号码从某种意义上讲，都是个人隐私。你把别人的手机拿了，万一他的卡被复制了，将来话费高了，他来找你，你说你认还是不认？你说你没偷，他说你偷了，谁能说得清楚呢？所以一定不要借用别人的手机。

其三，携带到位。手机需要一个适当的携带位置。女孩子一般习惯把手机挂在脖子上，街上这样的女孩子不乏其人。有的男同志图省事，手机则别在腰上。还有些人，觉得挂腰上不好看，放到口袋里。其实，手机不能丢是重要的，手机携带也是重要的。从规范的角度来讲，建议你的手机还是放在公文包里去，它最不容易丢失。拿小包也可放入小包里去，但别放在裤腰带上。有见识的人都知道：一个人的社会地位，往往与他的腰上所悬挂的物品的件数成反比。有同志往这儿一站，其腰间如同开了个杂货铺：手机两个，打火机一枚，瑞士军刀一柄。像是练摊的，你腰上挂一堆东西，西装摇摇欲坠，上衣鼓鼓囊囊，不好看。小姑娘上街逛的时候，把手机挂脖子上倒挺好,但是也有一个问题:安全吗? 离心脏挺近的,方便吗? 电磁波对你生命不构成影响吗? 你想没想过。再说,它也不是谁都可以挂脖子上去的? 金教授要把手机挂到脖子上,是不是也不太合适?

总而言之,手机的使用必须规范。要安全地使用,要文明地使用,要规范地使用。这是手机使用时的几个基本礼貌。

文明而礼貌地使用电话,包括座机和手机,会使你有效地沟通,会使你恰到好处地向别人表示尊重,会使你获得有益的信息。反过来说,如果你使用电话时不礼貌不文明,将损害你的电话形象。你的座机也好,手机也好,对其不文明地使用,都会使你的电话形象严重地受损。

第 9 篇

礼品礼仪

大家好！本篇要跟同志们谈一谈礼品的礼仪。在日常生活中，我们每个人不管年龄大小，不管从事什么样的行业，礼品的问题都是大家所必须面对的。

谈到礼品，大概有两个问题我们都不能回避：第一，在日常交往中，需要礼品吗？换而言之，就是礼品的定位。有人认为，在日常交往中，礼多人不怪。和任何人打交道，空着手都不合适。但也有另外一些同志认为：礼品是一种极端的形式主义，甚至有虚伪、做作、腐败别人的意思。所以我们在谈到礼品的第一个问题时必须回答：需不需要礼品。如果我们的回答是需要的话，随之就会出现第二个问题，就是在日常交往中，怎样选择适合自己的礼品。这两个问题，就是我们今天所要谈的主要问题了。

首先，我想跟同志们谈一谈礼品的定位。在 17 世纪，有一位著名的西班牙礼仪专家叫做伊丽莎白，她讲过一句话："礼品是人际交往的通行证。"换而言之，她认为，在人和人打交道的时候，礼品是不可或缺的东西。对她这个说法，我表示赞同。当然，进一

步来说,我们在日常交往中选择礼品,必须事先明确它的定位,就是你把礼品看作是做什么用的。我注意到,有些同志的礼品定位不太准确。

有一次,我的一个学生联系去欧洲某国读书。那个国家当时签证比较难办。他首先请我写了一封推荐信,我写得非常认真。其以后聊天的时候他问我:"到那个国家有一些什么注意事项?"

我就谈了一些注意事项。

他顺嘴问了一个问题:"那个国家的什么什么人你认识吗?"

我坦言相告:"我认识。"

过了两天,他又来找我了。一见面,他就非常神秘地塞给我一个包。我问他:"是什么资料这么厚啊?"我以为他给我什么资料来着。

他告诉我:"三万块钱。"

我问:"干吗用的?"

他说:"你帮我把签证拿下来,这三万元就是你的了。"

我当时跟他说实话:"君子爱财,取之有道。钱是个好东西,

但如果它来得不明不白，不合适。我跟你说句难听的话，如果你跟金老师讲，需要写封推荐信，甚至给主管的教授或者学者写封信都是可以的，你提到的那个人我还跟他真认识。再说句实话，可能我写封信还真能起一点点作用。但是你这样一送钱，我就不能干了。换一个角度来讲，假定你要到那个地方留学成功，读了一个硕士、读了一个博士回来，你那时来看老师，给老师带点小礼物倒是说得过去的。"

实际上，他没有把礼品的定位问题搞清楚。在我眼里，人和人打交道，礼品是什么位置呢？是纪念品。企业和企业打交道，礼品是什么位置呢？是宣传品。比如，你是一家酒店的公关经理，你那个酒店跟外人打交道，你代表酒店去搞公关营销活动，去送礼品，实际上是为了提高企业的知名度，推广企业形象，所以它的作用就是宣传品。但是，在一般情况下，人和人打交道时礼品并不是宣传品，而是纪念品。我中学老师当过，大学老师也当过，现在还在当。在我印象中，我所收到的来自学生的最美好的礼物是什么呢？

某年一个班毕业，班长来看我，说："老师，我们毕业了。"

我说："那就后会有期了。"当时我还说了一些客气话，什么"苟富贵，毋相忘"。

随后，班长对我说："老师，我们为你准备了一件礼品。"

我说："谢谢。"

打开来一看，是个什么呢？是一个签名本，很简单的一个本子。那个本子差不多就是那种三四块钱的本子，有那么四五十页。每个同学都在它上面占有一页，他们在自己那页上，每人都给贴了一张本人的照片。照片造型各异，不是那种标准的大头照，而是有站的，有坐的，还有躺在铺上跟我伸舌头的，还有一个指头指过来的，反正孩子们那种调皮捣蛋的样子活灵活现，而且每个人都有亲笔签名。最后，就是他们每个人都在自己的那页上写了送给金老师的一句话，当然是说得很孩子话，什么"金老师越老越年轻啊"，"金老师最帅"，"我爱老师"，诸如此类。在我眼里，这件礼物是我最喜欢的，它能够让我睹物思人。即便10年、20年之后，一翻起这本纪念册，我就想起自己所走过的时光，想起我的那些可爱的学生们。它是纪念品，我眼里的一件很棒的纪念品。

你说说，孩子给我宣传品的话，他有什么可宣传的？他没什么可宣传的。但是企业在公关活动中的礼品就是宣传品。

据我看来，礼品是日常交往中一个必不可少的需要理智面对的环节，注意我用的话，它显然是需要理智的面对的环节。你不能弄巧成拙，你送礼物的结果却是把别人给得罪了，那就麻烦了。礼仪上有个词，叫"入乡随俗"。一个真正有良好教养的人，一个真正见多识广的人，他应该明白交往以对方为中心，选择礼品时切莫自以为是。

在概述礼仪的时候，我曾反复强调一个基本理念，叫做"换位思考"。什么意思呢？在此形象一点地说，就是你送给别人的礼品应该是对方所需要的。当然，这里还存在一个量力而行的问题，还有一个合情、合理、合法的问题，并不是说人家要什么就给什么。但是，至少你要明白，你送的礼物不应该是对方所厌恶的或者拒绝的，这是一个常识。我在谈及人际交往时曾经反复强调要换位思考。怎么进行换位思考？就是一定要坚持交往以对方为中心。您别自己觉得这是好礼物，要别人喜欢它那才是好东西。关于礼品的定位。简而言之，在我眼里，人际交往尤其私人交往的礼品应该是纪念品，而企业间往来的礼品，则应该是宣传品。这是我在这里想要讲的，也是我必须讲的。

其次，我想跟同志们谈一谈礼品选择的具体规则。在日常交往和工作中，你选择礼品也好，赠送礼品也好，接受礼品也好，都是有其具体规则的。我们举个简单的例子，你给别人送礼，你至少得明白这么一条吧："人无我有"。即必须强调礼品的独特性。您别弄巧成拙，别人送什么你送什么，可能有时候就会劳而无功。比如：

我年轻时当过工人，曾参加过唐山抗震救灾。那时候比较辛苦，连着干几十个小时的，而且比较潮湿，害怕得关节炎，于是养成了一个喝酒的习惯。后来过了四十来岁，身体不太好，就不喝了。可是我的很多老朋友，就是以前跟我一起当过工人的那些朋友都认为我能喝酒。当时我们的条件不是太好，常喝北京最普通的二锅头。一来二去，老朋友大都认定我金某人能喝酒，而且偏爱二锅头。这样被人家一旦定了位，我就比较倒霉了。一到过年、过节，我家的二锅头多得都可以开专卖店了。高、中、低档都有。只要是我老朋友来串门，就会给我拎二锅头。有位老兄最热心，有一次他给我拉了几乎一吉普车过来。他说：干脆让你一年都有的喝了。我想告诉他，但不好意思直说，那就是我已经早就不喝酒了，于是我只能望酒兴叹。

因此，这个问题如果不注意，真的会很麻烦。比如，过中秋节时，流行送月饼，别人送了，那你最好就别再送了。有时候，可能我们都有体会，到逢年过节有的东西被别人送得过多过滥，没意思了。说难听点，从成本和效益来进行比较，都比较差。别人可能记不住你送的礼品，或者不稀罕你的礼品。所以这个问题一定要讲一讲，送礼品要有一个套数的问题。我刚才讲了，交往以对方为中心，这条规则你一定得记牢。

有一次我到外地参加一个会议，春节回不来。我老婆比较心细，她给我打电话问："你春节回不来，你的爹妈那儿怎么办？"

我说："你能不能代表去看看爹妈啊？"

她说："我不行，没有时间。我的公司在国外有一个活动，春节那几天我正好在韩国呢。"

我问："那怎么办？"

她说："那我就替你提前去给爹妈送点礼品吧？"

我说："行啊。"

我老婆很聪明，她说："你是讲礼仪的，我就不瞎比画了。这样吧，你说我买。你说什么东西好，我就去给你买什么。"

我说："这样吧，第一，你给我娘到北京好一点的商场去买一条雪莲牌羊绒围巾。要红色的，要宽大一点的，因为我们家的老太太比较胖，个子比较大，给她弄宽大一点的，显得她比较富态。"

她说："那你爹呢？"

我爹排第二位啊，我爹买什么？

我告诉她："你就给他到米老鼠、唐老鸭那种儿童专柜，去买一双手套，滑雪手套，大点儿就行了。因为老人家年龄大了，今年八十五六岁了，走路不太利索，天冷了就给他买一双大手套吧。"

我老婆在电话那边乐，她问："你买什么不行？你买米老鼠、唐老鸭！"

我说:"你别管,你就去买,这方面我有经验。"

过了一天,她又给我打电话说:"老公,今儿周末,东西我全买了,但觉得有点不够意思。"

我说:"为什么不够意思?"

她说:"手套不到一百块,羊绒围巾碰上打折,两百来块,加起来三百多。我们也不常给爹妈送东西,给他们送这么点东西?合适吗?"

她的本意是:我这个媳妇怎么能这么当啊?咱怎么样也得送一件上千元的礼物吧。

我说:"你不明白,对爱着自己孩子们的父母来讲,他们是别无所求的。只要孩子惦记着他们,比什么都强。"对他们来说,礼品的价格往往不会被太在乎。

在此,我不是说礼重人会怪,而是说有心就不会被责怪。

我记得小的时候有一次被爹爹抱着,跑到天安门广场看国庆游行去了。去前正好是到另外一个小朋友家里玩儿,别人给了我几块

糖，那时候糖是好东西，我舍不得吃。当我爹举着我看天安门城楼时，我也想报答我爹一下，就把小朋友给我的糖（据我妈举报，那糖纸已经掉了，在小口袋里跟土、泥、小玩具混为一团，都肮脏不堪了）拿给我爹吃。当时我爹不仅毫不犹豫地把它吃了，而且还掉了泪。后来我问起这件事，他说："当时我的感觉是孩子长大了。"

　　恐怕当过父母的人都有这种感觉，当爷爷奶奶的人也有这种感觉，孩子惦记着你，是何等地令你开心！我经常跟我的学生讲，回家的时候，要记得给爸爸妈妈带点小东西，不一定要贵，而是要表达自己对父母的感恩之意。这表明你的心中想着他，说明你长大懂事了。

　　那么，给我的父母送礼品时，我为什么选择一条围巾，为什么选一副手套？这就是我说的那个换位思考。我们讲一个心理学的常识，人是有表现欲的，每个人都有自我呈现的欲望，男孩子也好，女孩子也好，老人也好，小朋友也好，他快乐不快乐，他幸福不幸福，有的时候他往往缺少自信，他很在乎别人对自己的评价。比如，一个女孩子，她的男朋友给她买高档的跑车，给她送名贵的珠宝，还给她送豪宅。但要折磨她很容易，就是不让她告诉别人，那会憋死她。女孩子快乐不快乐，有的时候是取决于别人对她的看法的。比如，她戴漂亮的首饰，不管那玩艺贵不贵，她的同事们说："哇，你的首饰好漂亮啊！"她就会很高兴！有人问："谁买的？""男朋友买的。"人家要是说："哇，你男朋友好疼你啊！"她就会特别高兴。

每个人都有这种被别人肯定的欲望。

某一位心理学家讲过：人是需要被别人肯定的。你的成功，你的失败，你的快乐，你的痛苦，你的幸福，乃至你的不幸，往往别人说它是什么，你就会把它当成什么。

我后来跟我老婆说："我妈妈今年七十多岁。老太太高大，挺胖，两鬓如霜。你给她围上一条红色羊绒围巾特别醒目。她围上它一出来，别人一看就会说：'啊，金妈妈，你这个围巾很漂亮啊，哪儿买的？'她肯定不说他儿子买的，而会说是儿媳妇买的，说明儿媳妇孝顺她，老人要的就是这个妻贤子孝，家庭和谐，这个是老人家们最成功的感觉。我老爸，身体挺好啊，但是凡是老年人都有一个短处，就是腿脚不利索了，走路不利索了，走路时他往往慢慢蹭。一位慢慢蹭着行走的老人戴一副米老鼠、唐老鸭标志的手套也是比较醒目的。老爸当过兵，走路腰板倒挺直。肯定有人会问：'金爷爷，你的手套怎么这样啊？'他也不会说我们买的，没准会说孙子买的，说明小朋友多懂事啊，这种礼品的效益肯定会比一万块钱现金要好得多。我给我爹、我娘买副白金磁疗鞋垫也是无效的，哪怕这个磁疗鞋垫8000块钱。别人看不见它，包子有肉有时候还真得放在褶上。"我家老人都很聪明，不傻的。他们不至于见到人就说有种鞋垫很好，白金的，你们见过吗？他会从鞋里拿出来让你们看看吗？不可能！

我想跟同志们说的是：选择礼品是一门艺术。关键是要有心、用心、上心，是要善于表达自己的心意。

———————⟡———————

接下来，我所要讲的是在日常交往工作中，赠送礼品时需要考虑的几个具体的操作方面问题。其专业性的讲法，叫做五 W 法则。我现在只讲送礼品的规则，随后我再讲讲礼品的接受。因为礼品礼仪实际上包括两个问题：一个是送，一个是接受。我现在重点讲的是送。赠送礼品时，从礼仪的角度来讲，一定要遵守"五W 法则"。它是什么意思呢？就是在选择与赠送礼品的时候，需要注意五大要点。它们的英文说法第一个字母都是 W，所以我们把它简称叫做"五 W 法则"。

第一个 W，意即送给谁，Who。换而言之，就是要重视受赠的对象。比如，有些国家出于宗教信仰和民族习惯的讲究，礼品一般是不能够送给对方的老婆、配偶的。在当地，往往是重男轻女。一般是男人去社交，女人参与社交的机会很少。因此，社交的常规礼品是送给男人的，不能送给女人。不能给异性送礼物。

我们中国人送礼物的习惯则显然与其有别。比如，我到您家去，如果您在谈恋爱，刚刚结婚，还没有孩子，我是男人，我的交往对象也是男同志，我往往是送一件女孩子所喜欢的礼品，诸如一瓶香水，或者一本印制非常精美的画册。我把它送给这个帅哥，我其实是假道于人，让他去转送给他的那个她。他不一定会说是我送的，没准儿他会说他送的。因为这个是比较对路的。如果他们有孩子了，最省事的就是把这个礼品以小朋友为对象。如果他们家有老人，特别是老人年纪比较大的话，那么我们以老人为对象，这样的话皆大欢喜。那样做，成本最低，效益最高。

可是某些国家、地区是不能给别人的老婆送东西的，你就坚决不能送。你一定要充分考虑礼品的差异性。

再举一个例子，中国人送礼品，一般很少有人考虑到它的具体数目的问题。礼品的数目？国人推崇的是多多益善。毛泽东曾指出：凡事要抓主要矛盾，凡主要矛盾要掌握主要矛盾方向。送礼品时，也要重点突出。我们有时候就像爸爸给孩子东西似的，喜欢多多益善。一会儿给这个，一会儿给那个，其实效果并不好。外国人送礼时，数目讲究有时候非常多。比如，在我们知道日本、韩国、朝鲜，乃至我国的港澳地区，当地人都不太喜欢"四"这个数字。因为"四"这个数字在日语、韩语，或者粤语当中发音就是"死"的音。从风俗的角度来讲，他们觉得不吉利。

再比如，北京人送花时经常送剑兰，而港澳地区、广东的人则不喜欢剑兰，对患病的人或者老人尤其忌讳送剑兰。因为它的发音是"见难"，见不着了。茉莉花，我们江浙人很喜欢，唱情歌呢，"好一朵茉莉花"，都唱到申奥的地方去了。港澳人却不喜欢它，因为茉莉的发音为"没利"。它并非封建迷信问题，而是一种习俗。

入国问禁，入乡随俗！你跟别人打交道时一定要注意此点。举一个例子，我们北京人很喜欢菊花，而西方人则会觉得它十分晦气。在欧美国家，菊花属于死人专用，人们把它叫做葬礼之花。假使美国的一个老板，欧洲的一个巨商住到你的酒店里，你在他房间里插一束菊花，岂非让他撞鬼了？用咱们的话说：那不是让他住到八宝山去了吗？

第二个 W，意即送什么，What。 送给谁的问题确定之后，就会随之产生第二个问题，送礼时送什么？一般来讲，站在"送什么"的角度来说，有下面几个问题需要明确。

其一，时尚性。或者我们把它也可以叫做时效性。什么意思？就是你送别人的东西应该是此时此刻比较流行的。礼品如果过季了，还有意思吗？比如：

那天，有一位同志给我寄了张贺卡，其实贺卡也是个礼品。当时是 2005 年元旦，他究竟是废物利用还是搞错了我不知道，反正用了一张以前的邮政贺卡。当时我还想用它兑奖呢，抽奖号竟然一看是 2001 年的，真的有点被人冷落的感觉。

选择礼品时，一定要注意礼品的时效性。我的意思不是让你多花钱，而是别让它过季了，这一点很重要。现在已经很暖和了，你怎么能给人家送一件防寒服？除非这个人得伤寒了！否则这个时候谁穿防寒服？这个问题一定要注意。

其二，独特性。讲三句话："人无我有"，别人没的我有；"人有我优"，别人有的我的货比较好。不管是吃的也好，用的也好，有的东西它就是质量好，你信吗？举一个例子：

前几天，我到无锡去了。无锡人讲究吃肉骨头，就是排骨，酱排骨。我说："我要带一点回来给老人。"

有朋友马上就告诉我了："三凤桥的质量好。"

我不是给它们做广告，我只是顺嘴说说。实际上，比较好的东西往往就是"人有我优"。你到西安去吃羊肉泡馍，老孙家羊肉泡馍就比较好。你买镇江醋，北固山牌的则比较有名。最后还有一句话是什么？"人优我新"，就是要讲究新款式啊，新样式啊，新功能啊，那样也会吸引人。

其三，便携性。什么是便携性呢？就是礼品容易携带。比如，对本地客人送他的礼品重点、轻点倒没什么关系，对外地客人有时候礼品要是太重了或者不容易携带就会很麻烦。

有一次我老妈到北京来了，朋友们来探望她。老太太可能是年纪大了，不太介意，就顺嘴透露一个信息，说自己要过生日了。结果被我那几个好朋友听到，他们便给我老妈送了一只大花篮，都是好花，名花，老太太看了高兴极了。

她走的时候给我提了一个要求："我什么都不带，就把这盆花带回去。"

老太太不会说那是花篮，就说它是一盆花。真的很难啊！你想

216

想：那么一个大花篮，我都没办法给她运到火车站去。但那是我娘，她就提这么一个要求，我一定得满足。我找来一辆130货车装它。那花篮很高，一般轿车后备箱进不去啊。到了车站检票、过安检时都很麻烦，别人看着我笑，有人认识我，说："金教授，你这是什么货？"就这样，那个花篮装到车厢里去就几乎损失了一半，下了车之后还剩下几朵花我就不知道了。

第三个 W，意即在什么地方送，Where。赠送礼品，有的时候需要考虑其具体场合。比如，公务交往的礼品一般应该在办公地点送，以示郑重其事，公事公办。有的公司不注意这一点，公务交往的礼品给你拐弯抹角拿到家里来，好像做贼似的，不登大雅之堂。你要没干坏事，你要没犯纪律，光明正大地做事情有什么不对？公事公办，会给人以非常正规的感觉。

有一次，我到一个单位开会去。走的时候一位同志告诉我："金教授，该装的东西都给你装到轿车的后备箱里去了。"

把我吓一跳，直到现在我都不知道他是怎么把我轿车后备箱打开的，又不好意思问。其实也没有装上什么骇人听闻的东西，就是一堆宣传材料，还有两大瓶该单位自己生产的液体饮料，加起来也不到50块钱。当时，他本应大大方方地当面奉送："金教授请你品尝！"

公务交往的礼品是应该在办公地点送的。相反，私人社交的礼品则一定要在私人交往的地方送，以示公私有别。

有一天，我的一个远房亲戚来了。他把老家的东西带了一堆，主要是送我的十多斤梅干菜。大概找我也不好找，他就打包扛到我办公室去了，被楼下的同志给赶出去了，"这里不准卖菜！"

结果搞得他还挺不高兴："我穿得西服革履的像是卖菜的吗？"

他是穿西装来的，但是梅干菜的味道挺重，也挺醒目，所以别人以为他是在搞贩卖或推销。

最后我对他说："你这个10包、20包梅干菜拿到我这儿来，倒也没啥不得了的。但是我总得给我的同事分分吧。大家都看见它了，见面分一半。你把它送到这里来，实际上让我少吃了不少。"

第四个 W，意即什么时间送，When。 按照一般的讲法，做客人的时候，或者当主人的时候，赠送礼品的具体时间不太一样。比如，我现在是客人，我到您家去做客，我去拜访您，一般的规则，拜访别人时的礼品应该在见面之初拿出来，这叫登门有礼。它有什么具体好处呢？

其一，它容易给别人一个良好的印象，表明你对别人重视。不是别人没有你这个礼物就不活了，而是表示你重视对方，你把别人当回事。礼品最重要的作用就是表示对受赠者的重视。"礼"的本意就是尊重。见了面把礼品拿出来，就是表示对别人的重视。

其二，它容易形成一种良性的互动。举一个例子，我到您家去了。我给您带了一瓶五粮液酒，在你家怎么也得换瓶剑南春喝喝吧。走的时候我才把五粮液拿出来了，互动的效果可能就没有了。我走了之后主人可能会跟老婆说："真有点对不起老金，你看他给咱拿的五粮液，咱给他喝二锅头。"这里面其实是一个互动的问题。礼品上讲究"来而不往，非礼也"，它有一个双边对等交流的问题。

客人拜访时宜把礼品先拿出来，而主人待客的时候是反过来的。主人一般是在客人告辞的时候才向对方送礼。比如，外地的客人，通常我们是在其临行前夜送礼品给对方。比如，我老爸要回上海，他明天走，我通常今天晚上去送。什么意思？我要给老爸一个收拾打包的机会。有的同志不太会做这件事，当客人上火车、上飞机之前才拿出来送给对方的东西，一大堆，容易丢，还不好带。一般外地的客人你在临行前夜送礼为佳，对本地客人则在客人告辞的时候拿出来为宜。

公务礼品，公司企业送的礼品，什么时候送？一般是两个情况：一是主管领导会见对方时。比如我到你公司去，董事长跟我见个面，董事长把礼品拿出来，等于是公司向我送礼。你一个部门经理把它拿出来给我，等于是你这个部门向我送礼，层次上差远了。二是告别宴会上送。它算一个结束曲。总之，送礼讲究客人来的时候客人送，客人走的时候主人送，善始善终。

第五个 W，意即如何送，Which。它的具体含义是：应该怎样送？以何种具体方式送？它主要强调以下两条：第一条，但凡有可能的话，我们需要亲自赠送礼品。礼品有三个赠送方法：一是自己送，二是托人送，三是寄送过去。但凡有可能，礼品最好去亲自送。在公务活动中，礼品最好由单位主管领导亲送，这样可以提升礼品的规格。我走的时候，你让你的秘书或者工作人员把礼品给我塞过来，好像做贼似的。董事长、总经理亲自向我赠送，则说明我是你们公司的客人，而且受到高层领导的重视。礼仪上把它叫"礼宾对等"，这是一种接待规格。

第二条，在国际交往中需要注意，送给外国客人的礼品一般需要包装。过去我们中国人不太在乎这个问题，有的很好的东西，拿马粪纸盒一装，拿报纸一裹，拿塑料带一装，弄得像便衣接头似的，这样会使礼品在档次上受影响。在可能的情况下，我们送给外国人的礼品一定要加以包装。越是正式的国际交往，此点越是不可掉以轻心。

下面我想跟同志们谈一谈，接受礼品时需要注意什么？

接受礼品时，恐怕有以下三个点需要注意：

第一，要落落大方。能接受的礼品，你就接受了。如果自己觉得没有犯禁，没有犯党纪、国法，没有犯外事纪律，没有影响到两方的人际关系，可以接受就接受了。却之不恭！但如果有些礼品是不能够接受的，当即要向送礼者说明原因："不好意思，你送我礼品我非常感谢，但是我们公司有规定，在公务往来中不能收受礼品，尤其不能收受现金和有价证券。谢谢你的好意，请您拿回去。"一定要当面把理由说清楚了，你别后来再委托别人退回去。因为国家不同，社会不同，企业不同，讲究不太一样，所以这个问题一定要注意。

第二，要表示感谢。对别人所送的礼品表示感谢，一般有这么几个具体做法：其一，如果当场接受别人礼品的话，你最好在口头上表示感谢："谢谢你的好意，感谢了。"这个话是一定要说的。必要的话，还要和对方握手道谢。其二，是要欣赏对方的礼品。比如，我给我老婆送一条围巾，我老婆但凡聪明的话，她会立刻把这条围巾从袋里拿出来，什么事都不干了，把围巾围在脖子上，然后再说："老公，这正是我需要的围巾，太好看了。"我肯定会下次再买给她，而且买得更大。也有的同志不会说话："哎呀，这个难看死了，老土。"那样的话，我可能一辈子不再给她买了。"来而不往，非礼也！"你不重视我！这个你要注意，要通过欣赏礼品来表示感谢。

许多外国人就很重视这个问题。他接受别人的礼品，一般要打开包装看一看。如果是别人寄来的礼物，或者是很盛大的商务活动中的公关礼品，有的不方便看、不方便道谢，事后可以打个电话，或者写封信跟对方说一声："你的礼品我很欣赏。""你的礼品正放在我的案头。"

再比如，我在谈恋爱，这条领带假定是我女朋友送我的，假定她是昨天送我的，我今天和她约会，我什么都不用说，我重视她吗？我爱她吗？我把这条领带戴上，便说明我感谢她，我重视她。这是非常好的一种做法。

第三，要保持低调。一般而论，赠送礼品属于一种私人交往，所以你要注意，在外人面前你要低调一些，不要张牙舞爪地去说："这个是谁送我的，那个是谁给我的。"别人问时可以讲的，没有必要的话则大可不必以此去招摇，这恐怕是做人的一个常识。

再者，礼品没有特殊原因不要转赠别人。比如，我送给你的领带，我送给我男朋友的领带被他给他弟弟了。我很生气，这个不合适啊。你送给我的礼品就是我的，我要不喜欢我宁可不用，也不能随便转送给别人去。当然你要把它当破烂给卖了就麻烦了，金教授好心好意地把自己写的一本书——自认为最好的一本书送给你了，而且签了名了。过两天，却在垃圾收购站见到了它，非得气死是不是？这是礼品善后的事。

今天我们讲的重点是如何送给别人礼品，同时也讲了如何接受别人的礼品。二者实际上是送礼过程中的"一来一往"。有来有往，才会善始善终啊。

第 10 篇

宴会礼仪

所谓宴会，通常是指以宴请为形式的一种重要的社交应酬。换而言之，你自己请自己吃饭，你自己跟老婆孩子吃饭、跟爹妈吃饭都不能算做宴会。宴会，实际上是一种社交活动。现代人需要多交朋友，广结善缘，你没有具体的形式，就很难取得实质性的进展。你想认识别人，你到哪儿去认识啊？你不可能在菜市场告诉别人：咱俩认识认识吧。那倒也行，但是不容易有实质性的接触。社交需要具体的形式，像我们所常见的宴会、舞会、音乐会、家庭聚会等等，都是现代社会中所常见的交际的形式。所谓宴会，实际上吃是形式，交际则是其实质性的内容。

　　现代宴会礼仪很有特点。据我所知，现代宴会礼仪主要来自两大源头：第一，来自习俗。我们曾经说："礼出于俗，俗化为礼。"礼仪多半都是来自习俗的。其实，交际礼仪中有很大一块内容来自宴会。你回想一下自己的人生经验：你认识了好朋友，你打算进一步巩固和发展人际关系，往往是在家庭聚会中，是在日常交往应酬中。吃饭的时候，认识人与人际沟通往往较为容易。很多宴会的礼仪来自习俗。北方地区家里来了客人，筷子、碗碟的摆放都有讲究，比如，筷子要在筷子托、筷子架上竖放，它说明吃饭正在进行。但是你注意了吗？在一般的情况下，筷子都是不横放的，筷子横放就有逐客之嫌。什么意思？你把筷子在碗上或者碟上一横放，就等于告诉客人，请你打住，宴会该散了。别人吃得高高兴兴，有人话多，想说醉话，你不好驱逐他，把筷子一横放，就是请其走人的意思。再比如，我们到南方地区去吃鱼，那条鱼上面吃完了，下面就不能叫翻过来，而要称为正过来，因为那里的船家有此忌讳，"翻"字不吉利，它来自此种习俗。因此我们一般不说把这条鱼翻过来，而是说要用筷子把它正过来。

第二，来自餐饮自身的讲究。从根本上讲，宴会礼仪是为了更好地使你畅饮其酒，畅品其食，让你更好地进餐进食。我们讲究菜肴的搭配，比如，四菜一汤，一冷一热，诸如此类。谈到这个问题的话，菜肴的搭配中先上冷盘还是先喝汤，实际上都跟进餐的习惯有关，与人们为了更好地进餐有关。大家都知道，北方地区和南方地区的人用餐时喝汤，上汤的时间就不太一样。你要到广东去吃过粤菜，就知道粤菜往往要先喝汤，而我们北方有相当数量的省份是饭后喝汤。我主张还是先喝汤比较好，先喝汤利于身体健康，是一种符合现代饮食文明的习惯。你想一想，先喝了汤，第一保护了肠胃，第二胃里面给填充了汤。这样的话，吃东西就比较少。而后喝汤呢？它往往是过去的习惯，可能是没吃饱或者吃的不多，完了一喝汤，给它填充起来，那样易于使你的肠胃膨胀，容易使你消化上有点问题。所以先喝汤可以让你少吃多餐，而且有利于吸收。

宴会从分类上来讲，一般分成以下四个大类；

第一，国宴。所谓国宴，是在外交场合由国家元首、政府首脑出面，宴请别的国家的国家元首、政府首脑的宴会。它的主体和客体都是特定对象，比如，主席宴请总统，总理宴请首相。只有在这种对等的外交场合，国家领导人之间的正式宴会才能叫国宴，它的主角都是现职的国家领导人。

第二，正式宴会。正式宴会，一般有以下三个正式的确定。

其一，人员要确定。它不能临时拉郎配。像我们一般吃饭，临时来了一个客人，来，你坐这儿，再加张桌子，再弄把椅子，就加上了。但是，正式宴会的人员其有限制。不仅有多少人到场有限制，而且谁坐在哪张桌子上面及其具体的位次都有讲究，都不能乱来。哪一张是主桌，谁上主桌，主桌里面谁是主人，谁是主陪，它都有一系列具体的讲究。

其二，菜单要确定。每一张餐桌上几道菜，它都有讲究。我经常说，你要想把宴会搞得正规一点，就应该提前制定一份菜单。不仅菜单要提前拟定，是四冷八热，还是四菜一汤？而且还要把菜单书写出来，最好在餐桌上人手一份。它有两个好处：一是表示郑重其事，二是让大家心知肚明。人们可据此抓住重点。我们经常遇到这种情况：无人告诉你宴会上到底会上什么菜。菜一道一道地上，一开始我们不得不吃，出于礼貌，上来就吃。结果到了最后，一般压轴的都是看家菜、名菜、好菜，可我们早已饱了，只能望洋兴叹。

其三，时间要确定。一般情况下，大型的正式的宴会往往是晚宴，仅有个别情况下是午宴或早宴。为什么？因为早上与中午大家都在忙碌，没时间，晚宴相对而言在时间上自由度则大一些。宴会的时间要早确定，早通知，并轻易不要变更。

第三，便宴。便宴相对就比较随便了，比如，我的大学同学从国外回来，我们平时难得一见。他到北京来看我，我会临时约上几位亲朋故旧，去找一个地方大家吃一顿。它的规模比较小，菜比较简单，时间比较短，也不搞什么菜单，但实际上还是一种常规的交际活动。

第四，家宴。所谓家宴，就是把人请到家里来吃饭。家宴重在参与，强调气氛的温馨和随和。能把你请到家里来吃饭，说明不见外。它意在营造一种融洽的气氛，往往可令宾主双方进一步密切关系。

宴会的礼仪，实际上是一种双向沟通的技巧。就是说：主人有

主人的讲究,客人有客人的讲究,二者不能够彼此颠倒了。举一个例子,作为主人请客的时候,我可以讲,粗茶淡饭不成敬意。这是主人的一种谦恭,而客人则是不能这么说的。我还真见过如此不自觉的客人。

有一次,我去参加一个婚宴。我们那桌上有一位女士,正好二十来岁,也是客人。她往那一坐便说:"这桌菜没啥好吃的!"一句话把我们一桌人全震住了,又不是你掏钱,轮到你提意见吗?我们都装作没听见。人家把一筷子糖醋里脊夹起来吃,边吃边说:"没熟。"一会儿,又夹起一筷子鱼,边吃边继续挑剔:"太咸。"

一般而论,宴会礼仪主要是主办方的问题。宴会礼仪主要是五个方面的问题。在国际上,它又叫做五 M。为什么叫五 M 呢?就是作为主人操办宴会的时候,一般必须兼顾以下五大问题。这五大问题用英文来说,第一个字母都是 M,所以我们叫它五 M。具体而言,是哪五个 M 呢?

第一个 M,Money,意即费用。官方宴请也好,民间宴请也好,乃至家宴也好,操办者第一条想的往往就是花多少钱。我请客的时候,跟别人说:你随便点菜,你想吃什么你说,心里往往想的是另外一回事:悠着点,饶了我。别人要真放开了点菜,没准别人走了我走不了,我可能会被抵押在那儿。

有一次请女朋友吃涮羊肉,我那时候刚工作,涮羊肉一斤四五块钱，哪是能随便吃得起的？东来顺、西来顺，好多店都被我跑过，比较了一番价格，都侦察过了。最后装作若无其事把女朋友领去了，往那儿一坐，告诉对方：想吃什么你点。她的一句话就让我浑身起鸡皮疙瘩："我不爱吃羊肉。"结果我的如意算盘失灵了，预算也超出去了。还好，还亏我多带了几十块钱，否则我走不了，会被抵押在那儿。

你别跟客人说：这地方菜好吃，这地方菜做得好，这地方离住处近，这地方咱熟悉……，透过现象看本质，其实你选择的用餐地点及其具体安排，肯定跟你的预算有关。您别怀疑客人的智商，别去画蛇添足。

一般来讲，中国人的宴请，往往是由主人掏钱的。这条我相信我们在座的各位同志都是不讨论的。中国人传统做法叫做主人付费。当然主人付费的时候也请客人注意，主人花费多少你别问。主人请你吃饭，讲究的是一种意思，它要的是一种情调。别人花多少钱是别人的预算。

主人结账主要有以下两个办法：办法之一，主人把钱押到那儿。等到客人走了之后，主人才回去结账。办法之二，主人悄然结账。就是服务生把结账单悄悄地递给主人，然后主人在上面签个单就完了。服务生通常对主人的消费大都不报具体数额。我还经常碰到这样的同志，他不问这桌花费多少，他问："这酒多少钱？这菜多少钱？肉多少钱？这个果盘多少钱？"加一块儿，这顿饭多少钱不就明细了？！有时候，此举是会让主人很尴尬的。

在国际交往中，外国人请人吃饭时，其结账的具体方式有二：一是各付其费。什么意思呢？就是说大家去吃饭的话，是 AA 制的，意即各付其费。这个在西方国家里尤其普遍。我第一次去国外时，就遇到过这种情况。

中午休息，午餐。别人告诉我："咱们一块儿去吃吧？"我说："行。""跟我走。"当时我人生地不熟，别人又是我的同行，老朋友，于是就跟他走了。我认为肯定是他掏钱啊！我们点的很简单：每人一个三明治，一份汤，一盘色拉，一个主菜。后来他却告诉我：需要自己掏自己的钱，当时真的很生气。

后来我才知道，在西方绝大多数国家里，即便父亲与成年的子女出去吃饭，往往也都是各掏各的钱。其实这种做法也有好处，君子之交淡如水，谁也不欠谁。

二是自愿付费。它主要是在一些大型的公益性宴会上出现的。比如，举办一次为印尼海啸灾民募捐的慈善晚宴。大家到这儿来参加活动是一种义举，不是吃饭，而是参加一次活动。在这个时候，大家掏钱的话，这个钱实际上除了吃饭结账的钱之外，主要是捐给印尼海啸难民的。此刻，需要付费的话，由你随便付，你付 50 元也行，你付 500 元也行，你付 50000 元也行，随便付。我们称之为自愿付费。目前来讲，自愿付费一般在高档的社交宴会上才会出现，在日常生活中则比较少见。

总而言之，谈到宴会的费用我想讲以下两句话：

第一句话，**量力而行**。比如，很多年轻人结婚的话，总喜欢办一次婚宴。人生四大喜事之一——"洞房花烛夜"，婚宴肯定是要办一办的，但是一定要量力而行。您刚参加工作，您是工薪族，您一个月没挣多少钱，您从爹妈、兄弟那儿募捐来的钱就好意思把它全吃了吗？我倒建议你还不如留着搞点家用，存钱买房子也好，将来孝敬老人也好，留给孩子充当教育基金也好，总比全吃了要好。

第二句话，**节俭为本**。在宴会上，不仅整体费用上要量力而行，而且你所点的菜要经济，要实用，不仅要好吃，而且还要价格公道一些。你没有必要搞什么黄金宴，黄金吃了之后能有什么意思？再者，参、翅、鲍、肚你都一起点、一块儿吃，你不怕得"三高"吗？就是高血脂、高血压、高血糖啊。高档菜有的时候适当有一些，做做点缀也就足够了。你非吃上一大堆，既花钱，又对身体健康不好。

第二个 M，Meeting，意即会客。宴会上你会请谁到场？一般宴会肯定会有主宾，你准备请谁？比如，我要请未来的老丈人吃饭，往往可能约其他一些人到场。除了我爹、我娘外，我请来作陪的那些人至少得是跟我关系好的、了解我的，会到时候说我好话的人。您说对吗？他们适当地说我点缺点没事，比如说我爱睡懒觉，记性不太好，这些都行，可别把我说得坏透了，否则，必然会破坏我跟女朋友的安定团结。

作为主人要请客时，请谁来作陪颇有一些讲究。主人确定了主宾之后，请其他人是有讲究的。比如，你请金老师吃饭，金老师在人民大学工作，如果可能的话，是不是能请一下金老师在人民大学的同事、学生、校友，您觉得那样是不是好一点？那样一来，大家吃饭时就有一个能聊的话题了。另外，你要是宴请外国客人、少数民族的话，把与其相同民族、相同宗教信仰、相同语言习惯的人请到一块儿吃可能就比较好。比如，我们现在请一位台胞或澳门来的客人吃饭，他们讲闽南话、讲粤语，作陪的人中如果要有懂闽南话的人，或者有懂粤语的人，到时候大家在餐桌上就容易形成共同的交流氛围。

在宴会上会客的时候，别忘记请客重在交际。在宴会上，位次的排列是有讲究的。正式宴会的座次排列尤其是非常讲究的，比如，目前一般习惯把地位身份相近似的人排在一起，把宾主交叉排列，还有就是夫妻两个人应该排在一块儿。你请我吃饭，我老婆在场，你把我老婆放在另外一桌，我会担心我老婆被别人灌醉。我去吃请就有一个习惯，我是厚脸皮，我不管别人怎么排座次，只要别人是

请的我，我就会提一个要求：一定要让我老婆坐在我身边。一方面，她爱吃什么我知道，我可以照料她。女同志都害羞，她有时候不好意思吃。我厚脸皮，我会给她多夹一些。另一方面，省得你们灌她，你们要灌她的话，有我坐在这儿顶着呢，保护老婆，是老公的天职与职业道德嘛。

在比较正式的国宴和大型宴会上，一般桌子上都要摆放桌签。比如，一号桌、二号桌、三号桌。同时还要放姓名签，让大家对号入座各就各位。别让客人坐错了。有的时候，有个别同志弄错了，坐到不该坐的座位上去了，结果被服务生赶走，会影响其进餐的情绪。桌签与姓名签应该在客人都坐好了之后再收掉，而且它还应该是双向的。比如，我叫金正昆，我面前的姓名签两面都应该写上我的姓名，以便我知道这个位置归我，我能看见。与此同时，坐在我对面的人也知道我是何方神圣。

第三个 M，Media，意即环境。有经验的人都知道，请客吃饭，往往是吃环境。越是高档的宴会，越是如此。在举办宴会时，有很大一笔钱实际上不是花在菜上，而是花在环境上。尤其是正式的商务宴请，宴会所选择的地点往往是公司实力的一个具体表现。它涉及企业的经济实力。你把客人请到五星级酒店吃饭，说明你公司的实力可能是一流的。

考虑宴请的环境时，通常需要关注以下三个要点。

其一，环境要卫生。用餐的环境，一定要干干净净。你别往桌边一坐，天上有飞机，地下有坦克，蚊虫叮咬，臭味扑鼻。不仅用餐现场环境要好，客人可能会去的卫生间也要考虑到，因为客人在其吃饭过程中那个地方可能会去。同时，周边环境也得考虑，否则，他看到餐馆周边欠佳的环境之后同样会影响食欲。

其二，环境要安全。 大型宴请时，这个问题一定得考虑到。因为，天有不测风云，并不是每个人都能控制的。你好心好意请别人去吃饭，结果让别人负伤了显然不合适。

其三，交通要方便。 请客吃饭的地方不仅要有档次，有知名度，而且被请的客人还应该容易到达。如果你要请的客人比较多，你还得考虑周边停车场也应比较宽大，否则客人的专车没地方停也比较麻烦。别人高高兴兴地开着刚买的一辆别克吃饭来了，结果车停到路边，被调皮的孩子给划了或丢了，你说它是不是也影响情绪？

第四个 M，Music，意即音乐。 吃饭时，讲究气氛和谐、融洽、轻松、愉快。届时如有一种良好的气氛，必定会使大家更为热情、专注地进行交流。有的时候，高档的宴会厅都会有演奏。在力所能及的范围之内，最好安排专人现场演奏。你可以设想一下，比如，我跟我的女朋友认识两年，我们在两周年的纪念日要出去吃饭，我们两个人包了个雅座单间。当我们把蜡烛点亮的时候，过来一个乐队，吉他手们围着我们弹上一首爱情曲，或者来了几个美女帅哥，跳了一支快乐的舞蹈，多有诗情画意啊。现场演奏比播放音乐可能效果要好。安排音乐的话，还要考虑具体的曲目，它的气氛应该跟现场吻合，其风格应轻松、自然、舒缓。你别安排打击乐，你也别选择非常忧伤的乐曲。如果你所请的客人比较重要，那么则应优先安排对方所喜欢的音乐。比如，我比较喜欢那种具有怀旧气氛的曲子，诸如罗大佑的歌曲《追梦人》，邓丽君唱过的《甜蜜蜜》，电影《红色娘子军》的插曲《万泉河水清又清》，你若是为我演奏或播放这些曲目，我就会忆往昔峥嵘岁月稠，回想起自己的往昔时光，挺有意思。你可别安排客人尤其是主宾不爱听的东西，比如，你宴请一位美国商人，本来双方挺友好，想做生意，但你若是给他安排"雄赳赳，气昂昂，跨过鸭绿江"之类的歌曲，对方则必定不爽。

第五个 M，Menu，意即菜单。吃饭吃饭，其实主要是吃菜。你要讲究的话，对菜单就要认真地进行安排。安排菜单有以下两个套数。

第一个套数，你要明白客人的忌口是什么？就是别人不吃什么。闻道有先后，术业有专攻。你请客人吃饭时，首先不要问他爱吃什么，而是应该认真地询问他不吃什么。设便宴的话，你要在现场问："各

位，你们有什么忌口？"如果举办国宴或者大型宴会的话，则要重点关注主宾的忌口。要为此提前向对方或其随员进行征询。饮食禁忌有以下几种：其一，职业禁忌。就是他干这个工作时所不能吃的。比如，公安部有五条禁令，工作期间禁酒。你要让他喝，他就下岗了。司机喝了酒，警察把他逮走了。这是职业禁忌。其二，个人禁忌。就是纯粹是他个人所不能吃的东西。其三，民族禁忌。就是某个民族所忌食的东西。譬如，满族、蒙古族、藏族、回族都是不吃狗肉的，你若非得跟他讨论狗肉特别好吃，你对对方就是一种不尊重，甚至是一种侮辱。其四，宗教禁忌，切勿冒犯。其五，健康禁忌。就是纯粹出于健康原因一个人所不能吃某些东西。比如，糖尿病患者不能吃迅速使血糖升高的东西。

第二个套数，你要让别人吃什么？为他人准备餐饮时，应使之主要突出以下几个特色：一是本国特色。请外国客人的话，就是要考虑我们本国特色，中国特色。二是地方特色。对外地客人请客时，宜体现出本地特色。跨民族交往的话，则要体现出本民族特色。还有一点要注意，你要把别人请到外面菜馆去吃饭，你就得优先考虑这个菜馆的主打菜品的特色。比如，到全聚德就是吃烤鸭的，到东来顺就是吃涮羊肉的。你非得让别人到全聚德吃涮羊肉，到东来顺吃烤鸭，岂有此理？！因此，要请客人出去吃饭，你就要优先考虑拟前往的那家菜馆主打菜品的特色。

作为客人，你去参加较为正式的宴会的话，有以下三点一定要注意：

首先，维护形象。在此，再次强调餐桌举止六不准，即：其一，不准吸烟。其二，进嘴的东西不要吐出来。其三，让菜不夹菜。其四，祝酒不劝酒。其五，在餐桌上不整理服饰。其六，吃东西不要发出声音。这些事如果注意了，将有助于维护自己的形象。有的同志往往不自觉，爱用手抠鼻孔，当众剔牙，或者再把脚丫子挠两下。万一在大庭广众之下这样去操练，则必然有损于自己的形象。

其次，遵守时间。一般来讲，宴会都要求其参加者准时到达。结束的时候，才可以离开。你别晚到，别早退。

最后，适度交际。一般比较重要的宴会上，主人往往会把互相之间不熟悉的人适当地安排在一块儿。宴会开始前后，主人会过来介绍一下。被介绍之后，一定要跟别人打个招呼，要适当地进行沟通，别默不作声。经常见到这样的同志，他似乎患有交际恐惧症，他往那儿一坐，埋头只管吃，吃完了之后，嘴一擦就走了，对周围的人一问三不知，绝对爱搭不理。那样的话，他往往会令人对他产生反感。

总而言之，了解宴会礼仪，遵守宴会礼仪，不仅能够让我们在宴会上恰到好处地品尝美味佳肴，让我们所主办的宴会发挥良好的功效，而且还可以使我们在宴会上多交朋友，广结善缘，维护形象，扩大交际圈。以上就是我扼要所介绍的有关宴会的礼仪。谢谢各位！

第 11 篇

西餐礼仪

说实话，西餐未必适合我们每一位中国人的口味。我老婆有一次私下跟我发表过感慨："吃西餐往往是真的受洋罪。餐具不好用，菜肴不可口，实在不敢恭维它。"即便这样，可是有的时候你跟外商在一块儿谈事，他请你吃西餐，你是没有办法回避的。

首先，我要来简单地谈一谈什么是西餐。严格地讲，西餐这一提法是不太严谨的，你很难把西餐是什么说清楚。我们只能这样讲：所谓西餐，通常是对西方国家餐饮的一种统称。其基本特点，是要用刀叉进食。

目前，人类所通行的用餐方式实际上有以下三大类型：

第一大类型，称为东方型。其特点就是使用筷子。中国人、日本人、韩国人、老挝人等等，都是使用筷子吃东西。当然，筷子和筷子不同。比如，你要去过韩国就会发现，韩国的筷子一般是金属的，而且比较扁，带尖。中国的筷子则是长长的，圆圆的。

第二大类型，称为印度、阿拉伯类型。其特点是什么呢？是不用餐具，而用手直接取食。它的主要特点就是用右手把要吃的东西送到嘴里去。必要的话，他们会使用洗手钵，将手指头在里面涮洗。像这种情况，我们现在见得多了，自然不会少见多怪，但若干年前

241

则闻所未闻。

若干年之前的一天，我跟几个同事吃印度菜去了。一入座，每个人前面就被放上了一只小小的、浅浅的、银质的盘子。它里面有一半是水，很清澈的，上面放着柠檬的切片和玫瑰的花瓣，很好看。我们的一位仁兄当时就发言了："还是人家外国人比较会吃，没吃饭就先给喝高汤。"说罢，下手就端起来喝。他的问题，是自以为是，把人家洗手钵里的水当作高汤了。没办法，我们只能陪着他喝，一人喝了一份洗手水。因为他是主宾，你不能指正他，只能陪着他，舍命陪君子呀。

二十多年过去了，我仍然记忆犹新，忘不了这事，忘不了跟着别人喝了那么一钵洗手水，好在它还没被用来洗过手。

第三大类型，西方型。其主要特点，即运用刀叉去取食。但是严格地讲，英国菜、俄罗斯菜、法国菜、意大利菜、西班牙菜等等，在其具体内容、口味乃至餐具的使用上，还是有很大区别的。只是在中国人的眼里，它们都差不多，所以我们称之为西餐。

西餐礼仪，具体所涉及的面非常多。比如，进餐的顺序就有讲究。西餐与中餐有一个很大的不同：中餐往往是一桌菜一下子就给你上满了，西餐则是吃了一道菜之后再上另外一道。因此，它的上菜的顺序颇有讲究。再者，西餐餐具的摆放和使用很有讲究，在正式场合对其绝对不能乱放。餐桌上的举止，亦颇有讲究。譬如，吃西餐时手是不能放在桌下去的，用餐者的两只手都要放在餐桌上面。

西餐的餐桌礼仪中还有一点是比较重要的，就是餐桌上的交际。比如，你跟谁说话，你说什么话，你先跟谁说话、后跟谁说话，都有讲究。西餐是讲女士优先的，你要去参加西餐宴会的话，作为一个有良好教养的男士，你首先所应该致意的就是女主人。如果女主人亲自下厨为你做饭的话，你还得赞美一下她的菜烧得很好吃。不管真好吃、假好吃，都得说好吃，这是对女主人的尊重，也是对她全家的尊重。下面，我给大家讲两个笑话。

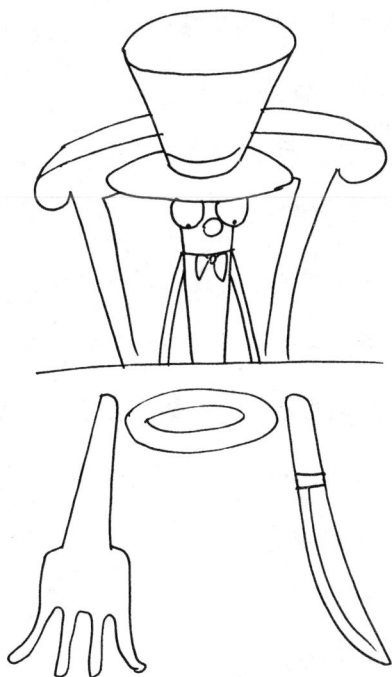

大概是十几年以前，我有一次跟一个女孩子去吃西餐。当时是公务活动，轮到我做东请她。我问："吃中餐还是西餐？"她告诉我想吃西餐。

我们到了一个雅座，很幽静的一个地方。因为女士优先，菜单先给她了，我对她说："你随意，别客气，你就点吧。"

当时，她在那儿点菜，我在边上就看看街景。只见那个女孩倒挺熟练，点菜点得挺快。

按照一般规定，第一道菜在点菜十分钟以后就要上桌，然后吃完一道上一道。可是，过了15分钟都不见人影。我就出去问门口那位服务生，我说："你给我看看菜为什么没来？"

他就跑去给我找了。等了半天，菜依旧未上，他也没了。

我把领班给找来问："我的菜呢？"

他说："我马上给你催。"

一会儿，他跑回来问我："现在就上吗？"

我说："当然，马上就上。"

好家伙，随后七个服务生排成一行列队过来给我们上菜，可我们立即就傻了。你知道那位小姐点的什么吗？点了七份汤！她点了七份汤。因为当时我们用餐的地方是一家高档的法国菜馆，菜单全是法文，她不认识法文，结果就乱点鸳鸯谱，给我们要了七份汤。你说七份汤我怎么喝呀？

我还听到过更令人尴尬的事情。

我的一个男同事谈女朋友，他女朋友的女伴们起哄，说："你请我们吃饭吧？"那个男同事刚刚工作，挺开心，就答应："请，行啊。"就请大家到一家涉外酒店去了。先打了打保龄球，然后吃饭。女孩子们就在那儿点了菜，点完了半天菜也不上来。那个男同事就有点沉不住气，找总经理去了。他直截了当地问自己要的菜为什么没上？总经理找人一查说，已经上过了。他说："活见鬼了，我们三四个人在那儿坐着，难道我们骗吃吗？根本没上，盘儿都没有。"后来再一问，还真上过了。你知道他们点的什么吗？点了四首乐曲。现场演奏的钢琴曲！他们也是不懂外文瞎比画，结果就出现问题了。

我常常跟别人开玩笑：你吃西餐也好，吃中餐也好，不认识菜名的话，千万别乱点呀！别说吃西餐，吃中餐有时候也会有根本看不懂的菜名。比如：

我有一次吃饭，见到一道菜叫青龙过江。我当时觉得这菜名挺雅致，那年正好龙年，我便要求上一道青龙过江。结果上来一根大葱！它躺在一个长条碗里，从这头趴到那头，是碗里则都是汤，此即青龙

过江。我听说过一道菜叫母子重逢。什么呢？一只母鸡肚子里装着一只小鸡，此即母子重逢。光看菜名本身，有时你根本看不出来它的名堂。

点菜有时候很有讲究。中餐也好，西餐也好，你要图省事的话，点菜时有三招可以教给你。第一招，紧跟别人。就是你要不懂的话，你就紧跟着别人行动吧。比如，你觉得金教授挺在行，金教授在边上，金教授点了一份罗宋汤，点了一块牛排，然后再点了一个蔬菜沙拉，那你最省事的办法就是跟他一样，保证不会出错。要错大家全都错，那就不能算错。第二招，去点套餐。经济型的菜馆里面都有套餐。套餐不仅搭配合理，而且费用上还比较节省。不了解西餐特点的人，点它的套餐是最省事的，你绝对不出错。第三招，请求指导。也就是你请人帮助。实在不会点菜，那就虚心地请求你周围熟悉的人，长辈、专业人士来帮个忙。你别乱来，否则会弄巧成拙。

吃西餐时，其餐具的使用多有讲究。我再讲一个道听途说来的例子。据说是确有其事的。

甲午海战之后，中国蒙受屈辱，清政府曾派一个高官到日本谈事去了。此高官地位挺高，但其平时西餐很少碰到，并根本不懂餐桌礼仪，结果就犯了一个错误。西餐的餐具是不能擦的，你别看餐具放在桌子上，放在餐巾边上，它实际上是经过蒸煮消毒的。一般而论，餐具都很干净，所以你不能再去擦。如果你要在主人面前拿起餐巾把餐具擦一擦，那就等于骂他，意即餐具太脏，要求更换。这个高官当时去吃日本一个高官的请。这个某高官往那儿一坐，把面前的刀叉拿过来就擦。坐他对面的日本人当时误会了，他马上告诉服务生予以更换。换了一副刀叉后，这个高官又接着擦；然后再换，接着还再擦……历史记载"如是者七"，就是这位高官令人家把餐具连换七拨。

这是挺出洋相的。凡此种种，都是因为不懂西餐礼仪所致。以下，重点讲一讲一些最常用的西餐礼仪。

首先，我来讲一讲西餐的餐序。所谓餐序，在此指的就是你点菜、吃菜的具体顺序。说实话，没有人在场的话，你愿意吃什么就吃什么，但是比较正规的宴请是有餐序的讲究的。西餐大体上可以分为正餐和便餐等两种类别，其中正餐西餐的讲究最多。

一般来讲，正餐通常都包括如下这么几道菜：

一是头盘。严格讲，它就是开胃菜，以色拉类为主，有的时候还有什么鹅肝酱、冻子、泥子等。但是我们熟悉的头盆主要是色拉。它有很多种，比如有蔬菜色拉，它比较清口；有海鲜色拉，它的价格较高；还有什锦色拉，是用很多菜混拌在一起的。除此之外，这个头盘还有泥子、冻子之类的东西。头盘的基本特点是比较爽口，比较清淡，意在助你打开自己的胃口。因此，它又叫开胃菜。在正餐西餐里，它属于开始曲或前奏。

二是汤。西餐跟广东菜有点相似，是要首先喝汤的。西餐的汤叫做开胃汤。具体而言，西餐里的汤有三种类型：红汤；清汤；

白汤。红汤我们北京人比较熟悉了，因为北京人过去比较喜欢去莫斯科餐厅吃俄罗斯菜。俄罗斯菜里面那个罗宋汤，就是红汤。它比较酸甜，很多人喜欢喝。还有就是白汤，其常见者有蘑菇汤、奶油汤等等。在法国菜里，它们都是比较常见的。再就是清汤，它是一种比较清淡的汤。

三是菜。西餐里的菜，又可分为主菜与副菜。副菜是什么？副菜一般是指海鲜类、禽类的东西，一般又叫白肉。白肉是什么？就是鱼肉和鸡肉。因为鱼肉和鸡肉做熟了之后是白色的，故称其为白肉。副菜吃完了，就会上主菜。主菜通常都是红肉，就是牛肉、羊肉、猪肉等等，它们做熟了之后是红色的。红肉的味道比较浓、比较厚重，吃了之后耐饥耐饿，而白肉则比较清淡。一般来讲，也可以不吃副菜，直接上来就吃主菜。

四是甜品。它包括冰淇淋、水果、干果、坚果、鲜果，以及各种各样的其他小吃，如布丁、炸薯条、三明治、曲奇饼、烤饼等等。

五是饮料。通常吃西餐时除可配以酒类外，饮料上的主要选择是红茶，它们全是化解油腻的。你想想这一大堆东西吃下来，多饱多撑啊，因此需要喝点什么咖啡、红茶之类的东西来化解油腻。

下面，介绍一下便餐。就餐序而言，便餐就比较简单。便餐一般是工作餐，或者自己去餐馆里点的餐食。便餐的内容一般有什么呢？色拉类要一个，汤要一份，再加上一道主菜、一个甜品，大致上足够了。有的时候，甜品也可以不要。

其次，向大家重点介绍一下西餐餐具的使用。西餐的餐具主要是刀、叉、匙、餐巾。有些中餐桌常见的东西就没有，比如，湿手巾就没有。因为外国人把吃饭当做社交活动，使用湿手巾去擦脸的话，你的妆不就白化了吗？中餐有热毛巾可以擦一擦，西餐就没这回事。此外，西餐餐桌上也没有牙签。我曾经讲过，当众剔牙是一种不文明的举止，会破坏别人的食欲。所以你在西餐桌上别去找牙签，更别弄巧成拙拿刀叉剔牙去。

下面，先来讲讲西餐的餐巾，它是很有讲究的。参加正式宴请的话，一定要牢记：女主人把餐巾铺在腿上之后，才是宴会开始的标志。餐巾的第一个作用，是它可以暗示宴会的开始或结束。我们刚才讲过，西方人讲究女士优先，在西餐宴会上女主人是第一顺序。

女主人不坐，别人是不能坐的。女主人把餐巾铺在腿上，则说明大家可以开始用餐了。同样的道理，假定女主人把餐巾放在桌子上了，便是宴会结束的标志。

使用餐巾时，必须谨记：它只能够铺在腿上，而不能放在别的地方。围在脖子上不行，那是小朋友的兜兜。没有外人在场的话，你坐汽车时吃快餐怕弄脏自己衣服，你可以随便围，但在国际交往中或者在正式宴会上，若把餐巾围在脖子上，则绝对是令人见笑的事。我还见过，有的同志怕餐巾在干杯的时候掉到地上，把它围在腰上，掖在裤腰带上，跟厨师似的。还有人把它掖在领口。凡此种种做法，都是不对的。餐巾一般应叠成长条形或者叠成三角形铺在腿上。为什么要铺在腿上？铺在腿上的最重要的功能，就是防止你吃饭的时候菜肴、汤汁把你的裙子或裤子搞脏了。将它铺在腿上后，菜品流汁、流水的话，顶多是流在餐巾上。餐巾那时会挺身而出地保护你服装的整洁。为服装保洁是餐巾的第二个作用。

有时可能会出现一个技术性问题，你要中途离开一下，你该把餐巾放哪儿？比如，我吃西餐，我吃着吃着突然有一个电话打进来了，我一看这号码挺重要，不能不接，但我若要在餐桌上一边吃一边接，也不太合适。我们曾经讲了，当众接听电话不仅有不尊重别人的嫌疑，而且也不适合现场的那种氛围。别人吃饭，你在旁边哇哩哇啦地大声喧哗，一看就是少调失教的。你要出去打电话，你把餐巾放哪儿？请你记住了，一般而论，回来还要接着吃的话，餐巾有一个最标准的放法，放在你座椅的椅面上。此举表示一个含义，占地儿。它就等于告诉在场的其他人，尤其是服务生，你到外面有点事，回来还要继续吃。千万别把它放桌上去。我刚才讲了，女主人要是把餐巾放在桌子上，就是宴会结束的标志，而客人要把餐巾放桌子上，则等于告诉别人自己不吃了。这是餐巾的第三个作用，暗示自己用餐的情况。

餐巾的第四个作用是用以揩拭。餐巾可以擦什么东西呢？它可以沾沾嘴。西餐跟中餐不太一样，中餐把调料都提前放到菜里面去了。西餐的调料往往是现场搭配。根据自己的口重口轻，什么胡椒、盐、调料汁之类的，由你自己放，所以有的时候你吃西餐搞不好会沾得满嘴角都是汤汁。因此，有经验的人都知道，吃西餐的时候，如果要跟别人交谈，一定要用餐巾先把嘴沾一沾，然后再跟别人说话。餐巾可以擦嘴，但是不能擦刀叉，也不能擦汗。

下面，我再讲讲刀叉。西餐正餐跟快餐不一样。吃快餐有时候连刀叉都没有，吃肯德基时你就需要下手了。正餐一般有刀叉可用，而且它们不止一副，往往是两三副。通常是刀放在你的右手，叉放在你的左手。往往是右边放两三副刀，左边放两三副叉。西餐刀叉的取用是有其讲究的。我告诉你一个最省事的游戏规则：西餐的刀叉是怎么取呢？吃一道菜，便需要换一副刀叉。吃一顿西餐，一般可能会用三副刀叉，吃色拉，吃海鲜，吃主菜，各用一副。三副刀叉你怎么取呢？那按照顺序，由外侧向内侧取。先拿最外面那一副，最外面那副一般是吃色拉的；然后再拿中间那副，中间这副一般是吃海鲜的；最后再拿最里面那一副，最里面那副是吃主菜的，吃牛排的。

有一次赴西餐宴会，一名女孩子坐我对面。当时除了左右手摆着刀叉之外，每人的左前方还有一副黄油刀，像铲子似的，它是抹黄油用的。那个女孩不懂行，结果拿着那把黄油刀去切牛排。我们都快吃完了，她还没开始呢。她急了，最后狂剁，一咬牙把肉给弄到别人脖子上去了。

她的所作所为，真是贻笑大方啊。

———————————◦~◦~◦———————————

西餐刀叉的使用，大有其讲究。不管你拿哪副刀叉，一般都应当是左叉右刀。西餐的吃菜过程，其实有点表演的性质。中国人讲究吃得爽，西方人吃东西则讲究气氛。西餐本质上就是吃气氛的。它的刀叉使用有以下两种模式：

其一，英国式吃法。英国式吃法是如何操作呢？它是这样的：用右手拿刀，左手拿叉。比如，这是一块牛排，它要求从左侧开切的。切下来一块，马上就吃这一块。如果你要遇到这样做的人，你就会知道他是训练有素的。显然我们也见过那样一些人，他比较糊涂，哪容易切，他切哪儿。他可能先把四个角切了。还有更狠的，叉起来咬，那就让人见笑了。英国人讲绅士风度，他拿着左叉右刀从左侧切，切一块吃一块，切一块吃一块，此即英国式吃法，比较绅士。

252

其二，美国式吃法。美国人比较自然、比较散漫一些，他们可能觉得英国人的吃法不爽，切一块吃一块他觉着别扭。美国式吃法是如何操练的呢？还是左叉右刀，也是从左侧开切。但是它的特点是什么？先切完，按照你嘴巴的大小、你习惯的情况，先把它切完。相对来讲，还是切小点为好，你别弄太大。这么大一块牛排有半斤你就切两块，你这块牛排刚进嘴，我跟你说："史密斯，请教一个问题。"那时"进退两难"，会把你噎死的。美国式吃法是先把它从左侧向右侧切，切完了之后，右手拿的那把刀就放下来了，然后把左手的叉子换到右手，用右手执叉子叉而食之。主要是吃东西时不拿刀了，仅用右手执叉了。可见美式英式大有差异。

我还想介绍一下，刀叉怎么放是有讲究的。跟中国人吃饭拿筷子指着别人是不礼貌的一样，西餐的刀叉是不能指人的。使用西餐刀叉切菜的时候很有讲究。一般的习惯是什么呢？左手和右手肘关节这个地方应该正好夹在腰的两侧，这样控制你的切割的动作。有的同志使用刀叉时象木匠似的推拉，其动作令人恐惧，其噪音让人心烦。这种正确的姿势可将切割动作控制一个幅度，双肘夹在腰的两侧，其实是为了寻找一个支点。你在用餐期间打算与自己身边之人交谈，总不能拿着刀叉跟别人说话啊。此时有一个讲究，你如果要跟别人交谈的话，刀叉一定先要放下来。怎么放呢？请你注意，可在盘子上把刀叉摆放成汉字的八字。刀刃朝内，不能朝外，朝外有砍人之嫌；叉子则是弓朝上，齿朝下。这个形式表示什么意思呢？就是要告诉服务生和别人：我这个菜没吃完。

你别乱放，千万不要把它们并排摆放。刀叉并排摆放，刀齿朝内，叉齿朝上，则表示自己不吃了，请人立即将其收掉。

有一次，一个男孩子请一个女孩子吃饭。那个女孩子大概为了对男朋友表示专注，男孩子跟她说话时，她就把刀叉放在盘子上，并且并排放着。于是服务生过来就收掉了她的菜，当时她还跟别人抢，并大声说："我还没吃完呢。"她其实是自己犯了忌。

吃西餐时，它的调羹也很有讲究。一般而论，西餐的汤匙会有好几把。需要你注意什么呢？通常，它都是放在你右手的餐刀的外侧的。大概会有两把或者三把。如果是两把的话，一把是喝汤的，一把是吃甜品的。有时，另外还有一把是喝红茶、喝咖啡的。喝西餐的汤也好，喝红茶、喝咖啡也好，一定要注意勺子的几种具体用法：其一，它也是需要从外侧向内侧取用的。应先拿离你最远的那个，然后再依次取用较近的。其二，勺子是不能含在嘴里的。应以之把食物倒进嘴里，而不能含着。其三，勺子不用的时候，不能让它在杯子里面立正。我们中餐不是有一个讲究，吃饭的时候筷子不能插到米饭上去吗？不是祭祖的话，你把它插到米饭上去，有人就会不高兴。同样的道理，你在外国人那里吃饭，在重要宴会上，咖啡也好，红茶也好，一般的汤也好，勺子不能放在盘子里面或者杯子里面立正，因为那是很不好的一个含义。不用它的话，应令其平躺在盘子上，或放在杯子下面的碟子里。你要注意，享用汤的时候，是吃汤，而不是喝汤。因为它是一道菜。它怎么吃呢？不是端起来灌的。重要场合一定要拿勺子舀，向远侧舀起。记住，是往远侧舀起，要把汤舀起来先往远的地方走，然后转一圈回来再送入口中。你知道为什么吗？因为西餐的汤比较浓，可能是红汤，也可能是奶油汤。你要是直接就舀入口中，搞不好会弄自己一身。向远侧舀起实际上是有一种过渡，万一流出来了汤汁，它就会在这种过渡之中跑到桌上去或者跑到碗里去。到你这个位置时，它基本上该滴的都滴光了。

我再强调一下，在吃西餐的现场有如下三个点一定要注意：

第一，交际要注意等距离。用餐期间，除了对主人夫妇要多说两句话表示关注之外，与其他的人都应争取说上两句话。如果你是帅哥，不要盯着美女没完。假使你是美女，也别只给帅哥捧场。你得明白，那是公众场合，不要让别人说你这个人太势利，甚至说你色迷迷，那就太麻烦了。有的同志一见到美女就晕了，饭都不吃了，只顾跟别人说话，而且总向别人献殷勤。献殷勤是你的自由，你不违法，但是你得注意维护自己的风度与形象。交际时，一定要注意所谓的等距离。比如，你是一位男士，你的右边和左边、对面都是女士。那么这三个人你都该与其说上几句话，你别只盯着左边看个没完，而把周围另外两个人冷落了，那样也不太合适。此时此刻，等距离交际是非常重要的。

第二，肢体不能频频晃动。各位，你发现了吗？有人有事没事

255

都喜欢抖动，喜欢摇晃，来回晃悠，抖来抖去，此举往往让人心烦意乱。坐在餐桌边上时，你的腿别抖，身子别抖，手别抖，脚别抖，肢体晃动让人有眼花缭乱的感觉，那样真的不好。

第三，餐具不宜发出声音。 在享用西餐时，切勿令自己所使用的餐具铿锵作响。比如，吃完一道菜下一道菜还没来，应将餐具放下来，切勿用餐具彼此敲打，或以其敲击餐桌。那往往是孩子才干的事。但是，作为一名有文明的、有教养的、有风度的现代人，在餐桌上敲敲打打是不成体统的。

最后，需要强调的是：西餐与中餐的宴会一样，都是重在交际的。 有鉴于此，在西餐宴会上进行交际时，一定要在选择对象、选择话题等问题上注意。你去参加比较重要的西餐宴会时，通常有两个人是不能绕过去的。你一定要找时间跟他们打个招呼，主动去问候一下。他们是谁呢？主人和主宾。因为此二者是宴会上的主角。有些大型宴会上，主人与主宾可能比较忙。但出于礼貌，你一定要找时间过去致意一下。当然，你也别独霸江山。假使有数百人来参加一场婚礼，你就只顾自己盯着新郎新娘聊起来没完，一点儿都不给别人与其交流的机会。总之，向主人与主宾致意问候，对赴宴者而言属于人之常情。

接下来，你所必须交际的就是自己身边的人。比如你的邻座，你是不能越过他去的。主人把你的位置排在那儿，就是想让你有机会跟他们交际，你若对别人爱搭不理，一问三不知，甚至不正眼去看别人一下，显然是非常不合适的。

最后，要善于去结交你的所谓意中人。就是你想交际、你想认识的人。有的人你想跟他建立业务上的关系，有的人你想向他请教，还有的人你就看他顺眼、想交这个朋友，他们都是你想结交的人。请你注意，你想结交的人你去跟他认识，最好采用一种有效的手段。届时最有效的手段是什么呢？请人引见。就是找一个人来替你们彼此介绍一下。举个例子，你在我们演播室里听金教授的礼仪讲座，你想向金教授请教一个问题，金教授可能很忙，中场要休息，下了课就走掉了。那你就该提前去找现场的主持人，你跟她说："我想向金教授请教一个问题，请您帮我跟金教授打一个招呼或联络一下吧。"她跟我比较熟，她的面子通常我是不会驳的，一般这个事就容易搞定。找个传话的人，由他帮忙介绍一下，这样交往起来就简单多了。切勿忽略，交际往往需要铺垫。

朋友们，吃西餐跟吃中餐一样，自然要吃好，吃饱，但同时也要不失风度，并要落落大方，不卑不亢。这就是我所讲授的西餐礼仪的基本之点。谢谢各位！

尊重上级是一种天职，尊重同事是一种本分，尊重下级是一种美德。

尊重客人是一种常识，尊重对手是一种风度，尊重所有人则是一种教养。

我们必须强调：运用礼仪、学习礼仪时最最重要的就是尊重！

——金正昆

第 12 篇

节庆礼仪

关于节日和庆祝日的礼仪，我们简称为节庆礼仪。

简而言之，节庆礼仪有这样几个特点：

第一个特点，约定性。它有规定的时间；它有约定的内容。

第二个特点，民俗性。绝大多数节庆，来自民族习俗、来自宗教习俗。礼仪的一个出处就是习俗，所谓："礼出于俗，而俗化为礼。"很多礼仪，其实都是来自于约定的习俗。节庆礼仪的习俗性很明显。比如中国人过大年，要走亲访友，拜年，吃年夜饭，诸如此类，它的习俗性很强。

第三个特点，地域性。不同国家，不同地区，节庆的习惯是不太一样的。

具体来讲，我们学习节庆礼仪时需要注意什么呢？在我眼里，它其实是七个字：衣、食、住、行、访、谈、送。对做客者与待客者而言，其具体要求又各有不同。

--------------⟨✦⟩--------------

第一个方面，我们来谈谈节庆之际做客时需要注意的问题。

逢年过节，走亲访友是我们经常遇到的一件事。走亲访友实际上是联络老朋友、结交新朋友的一个非常常规的手段。但是，走亲访友有两个细节你必须注意。细节之一，不要因为自己拜访别人，而给别人造成不必要的负担和麻烦。

金教授有句比较难听的话——关心有度，关心过度就是一种伤害。你到别人那里去，你给别人添了麻烦就不合适了。比如，现代人要讲究时间观念，登门拜访亲朋好友时一定要有约在先。要养成这样的习惯，不要想去就去，充当不速之客。记得有一次我就遇到一件尴尬之事：

2004 年的大年三十，我们夫妇要去人民大会堂看一场演出。从亲朋好友那儿好不容易弄来的票，买都买不着。我跟太太两个人打扮好，一出门却碰上几个同事，临时过来看我来了。那我能说什么啊？那就陪着聊聊，在我家一起坐一会儿吧。过了一会儿，我看看表，他们问我："不干扰你吗？"

我说："不干扰。"

"那就再坐一会儿。看到你太高兴了，难得一起聚聚。"

一会儿老婆也看看表。

又有客人问："影响你们吗？"

她敢说什么啊？她忙着告诉对方："不影响。"

别人就说："再聊一会儿吧，跟金教授聊天真有意思啊。"

聊到最后，我们终于没有能去观看人民大会堂的那场梦寐以求的演出。

其实这个倒不是什么大事。但是，大家一定要注意，任何一位有教养的人，都不应该因为自己而给别人的生活和工作制造麻烦。在现代文明社会，一定要养成习惯，登门拜访之前要有约在先，这是非常重要的。倘若你去拜访那些不太熟悉的客人，你还要明白，在有约在先的前提下还有两个细节需要注意：

其一，要提前确认。比如，你是一个下级去拜访上级，一个晚辈去拜访长辈，一个学生去拜访老师，你提前一个星期跟他说了，对方却可能会忘了。所以你要有良好教养的话，你在出发前，或者头天晚上，应该再打个电话跟他说一下。比如，你来拜访金教授，提前一周约了，你最好提前再给我打个电话："金教授，我们按照约定想明天下午四点钟到您家拜访，不知道方便吗？"或者"有什

么变化吗？"你应该确定一下，它等于提示我：老金别忘了。这是非常重要的一点，这样的话就不至于出现扑空的情况。

其二，要适可而止。一般人到别人那里做客，不管逢年过节做客，还是平时串门做客，在人家那里宜待多长时间的概念并不是很强。按惯例，在一般情况下，礼节性拜访，比如，单位的老干部处的同志或者办公室的同志去拜访离退休老职工，去拜访老前辈或者工作关系的客人，逢年过节时所停留的具体时间则是时间越短越好。因为你去拜访，别人也会去拜访，一家房子里的空间就那么大，客厅就那么几个位置，客人太多不方便。纯粹礼节性拜访，在客人那里停留的时间一般以十分钟为宜，不要太长。问候之后，意思到了，也就可以了。顶多吃两个瓜子、喝杯茶，你别在那儿呆太长的时间。你在那儿不走，别人怎么能进来，这是一个重要的问题。那么，亲朋好友之间的拜访呢？亲朋好友之间的拜访的话，一般情况下停留的时间也是宜短不宜长。通常半小时左右为宜。不是什么极其特殊的情况，不宜停留一小时以上。在一般情况下，不是至亲、故交，不被对方再三挽留，不要留下来吃饭，因为对方负担会很重，我们身为客人需要适可而止。不仅要有约在先，而且必须讲适可而止。

另外需要注意，我们作为拜访者来讲，我们在逢年过节时还要讲究整洁自我。中国人也好，外国人也好，过民族节日——春节、元旦也好，过现代节日——国庆、劳动节也好，青年节也好，妇女节也好，大家都需要维护自身形象，所以要对自己进行必要的修饰。

一般来讲，逢年过节时的修饰特别有以下三个要点需要注意：

其一，要整洁自己的服饰。过特定的民族节日，最好选择特定的民族服装。至少要穿干干净净、整整齐齐，不要太不修边幅。

其二，要修饰自己的仪表。比如，男性最好要理发、刮胡子。女同志则要在可能的情况下做做头发。因为什么呢？因为人看人有一个特点，从头开始。倘若一个人的发型给别人不好的感觉，则会影响形象。在仪表中，头发的修饰、胡须的剃除是非常重要的。在讲到仪表的时候还有一点必须强调，就是要做到无异味。一定要认真洗头、洗澡、洗手。一般情况下，最好不要吃刺激性气味的食物。比如，不要吃葱，少吃蒜，不要吃韭菜。

其三，要讲究鞋袜的卫生。现在城市，别人家里的装修都比较豪华。有些民族有一些习惯，进了门家里铺着地毯，所以来人进了门是要脱鞋的。我们有些人不太注意这个，说得难听点就是"凤凰头、扫帚脚"。你看他外面仪表堂堂，品貌端庄，进了门却不敢脱鞋。他穿的是尼龙丝袜，质量不太好，不吸湿、不透气，容易产生异味。一脱鞋子能够熏死耗子，没准袜子上还有三个窟窿，其中一个露大脚趾头。一个有经验的人到别人家里登门拜访的话，除了整洁服饰，除了修饰仪表之外，讲究自己鞋袜的卫生也非常重要，这是体现其个人教养的非常重要的细节。

———————————⚜———————————

接下来，客人要注意什么呢？登门拜访时，一定要注意活动有度。什么意思呢？到别人那里拜访的话，不管拜访单位，拜访个人，还是拜访企业，一定要注意，要在对方所指定的活动范围之内活动。一般到别人家里去，指定的范围究竟是哪儿啊？指定的范围主要指的就是主人的客厅。

有个别同志有一种不好的习惯，跟谁都不见外！他哪儿都敢去。我记得有一次我自己就出了一个洋相：

有一年，我大年三十睡得晚了，大概是凌晨四、五点才睡，都到了春节了嘛。没有料到，大年初一早上七点就来了客人。

家里人问："有人敲门，按门铃呢，你起不起来？"

我说："当然起来了，来了客人不起来合适吗？"

起来后，我手忙脚乱来不及叠被子。我当时认为：反正我家的卧室他不会进去。没想到，那个老兄跟我不见外，进来之后坐了几分钟便问："到你家各个房间去看看行吗？"

我只好说："看看吧。"

他首先视察卫生间，还不错，我家卫生间挺干净。然后视察了储藏室，储藏室也不错，没什么可以被他带走的。最后，他问："能到你家的卧室看看吗？"

我说："最好别看了。"

他坚持："还是看看吧。"

于是就进去了……

这样的同志，有的时候会让别人很尴尬，很为难。到别人家里去做客，活动有度很重要，不要乱来，不宜乱跑、乱窜。即便是家人、朋友，也要注意。

最后，还有一个很重要的、很具体的问题——逢年过节时礼品的选择。

走亲访友，通常都要带点礼物。你送什么礼物，有时大有讲究。我给在场的中学生、大学生们出一个小问题：如果你从外地回去看爷爷奶奶或者看爸爸妈妈，你要带一件小礼物给他们，你会选什么呢？

这件礼物选得好不好，实际上不仅表示对别人的重视与否，而且还涉及到人际关系的冷暖亲疏。记得前年有一位学生到我家来看我，适逢春节，他当时送了一件礼品给我，令我记忆犹新。

那是一位研究生。他一进门就跟我讲："金教授，我给您带了一件礼物来。"

我马上说："我把这个话说在前头，你别不高兴，金老师从来

不接受在校生的礼物。你要是毕了业，你送我什么都行，那是自己的钱。现在你花爹妈的钱，谁家的钱都是辛苦钱，别来这套，金老师不缺这个。你拿回去。"

他说："金教授，您别生气，您先把这个礼物看一看，您看了以后一定会高兴的。"

古人讲："礼轻情意重。"礼物并不一定是真金白银，但是如果到位，效果可能就比较好了。说实话，我看到他当时所送的这个礼物，真是挺高兴，还真被他感动了。您知道他送了我什么礼物吗？他送了我出生那一天报纸的复印件。我1959年出生。我很爱看报纸，我看过多种多样的报纸，我现在自己订阅的报纸就有十几份，我每天看报纸的时间有一两个小时，但是我从来没有想到看自己出生那一天的报纸，也没见过。他大概到北京图书馆去了，把能够收集到的跟我的出生地和工作地有关的地方的几份主要报纸复印了一下，我记得有新民晚报，文汇报，解放日报，中国少年儿童报，还有人民日报等等。这些报纸的复印件加在一块大概也要不了二十块钱，但是礼轻情意重啊。

他走后，我什么都没干，躲在书房把那些报纸认真地学习了两个小时。我终于知道，当我来到世界上的时候，世界是怎样一番模样。我很激动，马上打电话给我爹我娘，与二老一起回首往事。

第二天，我妹妹给我打电话说："你给我们家老头老太太下什么药了？爹妈一晚上都不睡觉，夜不能寐，一直都在忆往昔峥嵘岁月稠哩。"

在很多时候，礼品所讲究的是其中所饱含的一片心意。礼品不一定是要把别人收买或放倒了，礼轻情意重往往更为重要。

年节的礼物，重在传递爱心和情感。对亲戚、对朋友、对长辈，则是要借以传达自己的爱心。我跟很多小朋友和年轻的同志讲，你去给爷爷奶奶买礼物，不在乎这个礼物多贵重，关键是买了、带了、惦记老人家了。哪怕小朋友画的一幅画、考试的一个成绩单送给爷爷奶奶，他们都会很开心的。

逢年过节，到别人家里做客，送什么礼品比较好呢？对此类礼品，一般我们强调以下三个特点，它们都是跟别的礼物有所不同的。

其一，专一性。它要容易携带，并且目标明确。一般情况下，逢年过节走动的话，去串门可能一下要串好几家。你想想你要是拿的东西太多，一方面携带麻烦，另一方面还会产生歧义。

记得有一次一个朋友到我家来，拿着一个大盒子，一看就是礼物。当时我有一个外甥女在家，小孩不懂事，挺高兴，就围着那个

盒子转。我瞪了她一眼，说："你到边上去。"

小孩不懂这一套，她三四岁，她还是围着盒子转。

我只好问那位朋友："这件礼物是送给我的吗？"

他说："不是。"

我说："那你不是成心拿它来气我呀。"

需要注意的是：逢年过节送礼物时，到谁家里去，才可带着送谁的礼物去。要区分对象，单独行动。如此这般，就不至于出现被别人误会的形象。否则你到我家来做客，拿的东西不是给我的，你是气我还是干吗？

其二，文化性。现在提倡移风易俗，所以逢年过节也要讲究"君子之交淡如水"。逢年过节时，你到处去送礼金，有的时候也会污染视觉，影响双方的关系。亲朋好友之间倒不是不可以，外人之间恐怕还是要提倡礼轻情意重。一般情况下，我们逢年过节送礼物时提倡送鲜花。送有文化品位的、文化寓意的礼品，比如鲜花、书籍、音乐光盘之类的东西，易受欢迎。逢年过节到家里来我们听听音乐，欣赏一下交响乐，听一下传统音乐，岂非一大乐趣？你要去探访的老先生喜欢京剧，把他的偶像的京剧唱盘给他复制一个，或者诸如此类，那都是很好的，这恐怕比给他塞一两百块钱更好，恐怕这个礼品更会受他重视。节庆的礼物，一定要有文化品位，所以我们强调逢年过节的礼物要讲品位。

其三，忌送食品。我不知道您注意过没有：逢年过节时，比如过中秋节，滥送食品会浪费大量的粮食，浪费大量的包装。另一方面也搞得人际关系很微妙了，吃得了吗？吃不了。给别人吗？不合适。放那儿怎么办？浪费。因此，节庆礼品的选择特殊情况外，应忌送食品，而是提倡选择那种具有文化品位的东西为妙。

———————————⋟⋞———————————

第二个方面，逢年过节时，接待客人所需要关注的主要问题。

接待客人，不管单位，还是个人，一般都应当重视以下几个点。

其一，有所分工。不管单位还是家里，人员上要有所分工。比如单位，那种商业性节日的话，有必要成立专门的接待班子、接待委员会、接待部门去管具体事项。家里的话，在一般的情况下是有这样的分工，这是中国传统民俗：女主人是陪同客人，男主人是迎来送往。总而言之，要有所分工。若没有分工的话，有时候会很麻烦。举一个例子：

你家里一下子来了七八个客人，有老婆单位的，有老公单位的，有爷爷单位的，有奶奶单位的，甚至还有孙子或儿子单位的。大家互相不认识，人一多就比较闹腾。你要照顾不够的话，就很可能会顾此失彼。

一般来讲，家里人要有所分工。谁管谁？吃的谁管，客人谁管，领着客人出去玩玩谁管，诸如此类，这个是应该有所分工的。

其二，备齐物品。逢年过节时，用以款待客人的物品，诸如糖果、香烟、饮料之类，一定要备齐、备足。

其三，位次安排。来了一个客人没有问题，客人一多就很麻烦。

逢年过节招待客人时，排序的标准位置是什么呢？两个办法：办法之一，是按先来后到的顺序排列。比如，你家里来了亲戚，妈妈家的亲戚来了，舅舅、姨姨；爸爸家的亲戚也来了，叔叔、伯伯；这个座位怎么排？痛苦来自比较之中！你不可能说，局长坐第一桌，处长和副处长坐第二桌，一般职务的坐第三桌，无职无权的坐第四桌。那样不合适，太势利了吧！实际上这个时候最适合讲究先来后到，即按照先来后到去排序。办法之二，不排列。什么是不排列？就是不进行任何排列。它是不好排列时的排列。

我给现场的同志出这么一个难题，假定你这个单位搞商业性节日，你请了一些明星，有两个明星是同等水准的，同等到什么程度呢？比如我说得俗点，大家和电视机前的观众一听就明白了，成龙与周润发。其水准不相上下，我现在想请你介绍他们两个人，向大家介绍他们，你怎么介绍？先介绍其中的哪一位？

我碰到过一个学生，他绝对聪明。他这么介绍："各位，非常高兴地向你们介绍两位著名的香港影星，他们是谁啊？不用我说了，大家都认识他们呀，那就请大家给他们掌声吧！"

这实际上就是不排列。

如果家里来了两位小朋友，我怎么跟他们打招呼呢？我会说：小朋友好，大家好，你们好！而不说张三李四好。瓜子水果放这儿，谁爱吃谁吃，我不会去主动让其中的一个人。明确了谁先谁后，往往就有顺序问题。有时候你要不注意顺序就会得罪人、伤害人。比如：

有一次到一个单位去，我是主宾，他们的主要领导陪着我。那里的接待人员过来上茶，第一杯给了领导，第二杯给了副领导，最后才给我。领导问我："有什么意见？"

我说："我有很大意见。"

他问："什么意见呢？"

我说："你们这儿的接待人员不懂游戏规则。招待客人时，上茶上酒水的游戏规则是：先客人后主人，先长辈后晚辈，先女人后男人。"

那里的接待人员，他可能心里想自己的领导大，所以先把茶水给自己的领导。你想想，如果我到你家里做客的话，你端茶、上水时，先给你们家人后给我，我作为客人脸面何在？所以这种规矩一定要讲。

有同志问过我一个很实在的问题：家里来了客人的话，吃饭也好，会客也好，那个上座有什么标准化的具体做法吗？

———————————⟳———————————

一般来讲，要具体安排座次，桌子是横的还是竖的，是圆的还是方的，是长的还是椭圆形空心桌，具体的讲究其实很复杂。简而言之，我想告诉大家以下五句话。这五句话你记住了，在排列座次时，一般都不会有问题。

第一句话，面门为上。家里会客时，让客人坐的或者让重要人物坐的位置，通常是面对房间正门的位置，此即面门为上。您到雅座单间吃饭时注意过没有，主人坐的位置一般就是面对房间正门的位置，为什么呀？视野开阔，这是对地位高的人的一种尊重。反过来说，我们大家都知道，背对着房间正门的位置那是老末。因为他视野最不好，谁在他背后进来他都不知道。

第二句话，以右为上。顺便说一下，我国传统习俗是讲左高的，中文讲得很清楚，前后左右。它明确地告诉你：前面比后面高，左面比右面高。前后左右，实际上就是告诉你左高，古人的习惯是讲左高。我国现行的政务礼仪也是讲左高的，因为它是沿袭我国传统。但是现代社会已经国际化了，中国是世界的一员，中国是国际社会的一员，中国人已经以开放的心态去面对世界了，所以国际交往中排序的规则，也逐渐进入我国人民的生活。国际交往中座次排列的规则是什么呢？右高左低。国际惯例是右高，你注意到英文中"左右"这个单词是怎么说的？ Right and left，意即右与左。英文词组讲左右的时候是右左，说明右比左高。实际上，我们一般会客的话，家里会客也好，陪着客人吃饭也好，客人的位置是哪里呢？右侧，主人的右侧。你注意了吗？面对正门的位置是主人坐的，主人右手坐的就是主宾。你赴宴的时候注意看，服务生给你摆台都是这样摆的。

第三句话，居中为上。分中央与两侧而坐时，通常讲究居于中央者为上。家里人吃饭时一般没有必要排序太讲究，但是爷爷奶奶长辈等一定是要放在中间的。尊重长辈这是一种教养，居中为上。

第四句话，前排为上。走路也好，陪着客人走也好，一般的原则是前面的那个位置高。只有在客人不认路的时候，你才可以走在前面带路。前排为上，目前早已成为惯例。像单位开会时，台上坐的是单位的主要领导，台下第一排则是本单位里各个部、委、局、办与科室的负责人。

第五句话，以远为上。它是什么意思呢？它的含义是：离房门越远位置越高。比如，安排大家坐圆桌的话，主人是面对着正门的，离正门最近的那个则是末座。离门越远位置越高，离门越近位置越低。

其四，交谈有道。节庆期间聚会时，主人有义务为节庆制造喜庆的氛围，或进行气氛的调节。说白了，就是要寻找话题去和来宾聊天。

在一般情况下，节庆的时候，人们聊天时最佳的话题是什么呢？

节庆时聊天的话题最适宜的主要有如下三个：

一是可以谈谈自己的近况。在一般情况下，节庆的时候是报喜不报忧的，特别是对外人不宜讲不吉利的话语。爷爷奶奶高寿了，本来高高兴兴的时候，你告诉一句："爷爷，我下岗了"、"昨天我们单位破产了"、"炒股失败了"、"不想活了"。在过节过年的时候，人们聊聊自己的情况是可以的，但必须强调的是报喜不报忧，否则会破坏气氛。

二是关注时效性话题。时效性话题，指的主要是此时此刻最热闹的话题。比如,到哪儿玩去啊?假期自己有什么安排呀?现在发生了什么国内外重大的新闻?都是时效性话题。

三是宜谈轻松愉快之事。一般来讲,聊天谈什么轻松愉快的话题呢?主要有电影、电视、体育比赛、名胜风光、烹饪小吃。我有个爱好,我跟别人逢年过节交谈的时候,我喜欢吃,我就告诉他最近又吃到的菜,这菜怎么做的。

请注意:我们刚才讲这三类话题,时效性话题,近况的话题,轻松愉快的话题,都是想告诉你,逢年过节时聊天的话题不要太沉重。同时,还须谨记:聊天时不要冒犯禁忌。逢年过节时聊天容易冒犯的禁忌大致上有以下四个:

首先,不要谈悲哀事、伤心事。"阿毛被狼吃了,阿毛就是被狼吃了,当时我要在,阿毛就不会被狼吃了。"逢年过节时,你总把自己的不幸的事情拿来与别人分享,你有点不讲职业道德。那会影响氛围,破坏别人的情绪。

其次,不要去质疑对方。什么叫不要去质疑对方?就是不要随便去跟别人争执。我主张老两口吵嘴,那一般会让他们锻炼身体,帮助消化,排遣寂寞的时光,否则老两口多寂寞啊。但是,有时候跟外人争执,会令彼此两败俱伤。若非原则问题,大家在那儿聊天你干吗那么沉重,干吗那么较真?

再次,不要随便对交往对象所谈论的问题进行是非判断。在普通性的交谈中,不仅不要质疑别人,而且不要随便纠正别人。若是大是大非,党纪国法,国格人格,理当旗帜鲜明。若是小事小非,你要明白，何必如此呢？！别忘记每个人所站的角度不同，所以必须讲究和而不同。

最后，不要随便对对方感兴趣的问题进行全部的否定。尊重别人，就是要尊重对方的选择。你对别人所喜欢的事加以否定，实际上等于否定这个人的品位和档次，这恐怕比争执更容易得罪人。

逢年过节时，人们往往还会外出游玩。此时亦须讲究礼仪。

第一，在人际交往中要注意距离有度。交际礼仪告诉我们，距离有度。在一般情况下，人际距离有以下四种。关系不同，人际距离是不一样的。

一是亲密距离。什么叫亲密距离？亲密距离又叫私人距离，它是指交往双方之间小于半米以至无穷接近。大家一听就明白了，它是家人、夫妻、恋人之间的距离。但是这种距离在公共场所对别人是不合适的。你设想一下，现场的一个电视观众或者现场的一个女孩子过来说："金教授，问你一个问题。"咱们怎么也得拉开半米之上吧。你不至于扑哧一下坐到我的椅背上吧，我也不至于向你逐渐地移过去吧？那样的话，我们就只好敌进我退了。距离总是有度的，亲密距离在公共场合绝对不可行。

有一次我去坐地铁，我拿着报纸坐在那儿看。我正在那儿看着呢，边上一个同志凑过来跟我同看。我想同看就同看，无所谓。没想到他后来急了："你快看。"他干脆动手来替我翻阅报纸。

其实，你在公共场合这样做，是属于公德欠缺的问题，因为陌生人毕竟不是自家人。

二是交际距离。它又叫常规距离。它有多远呢？半米到一米半之间，就是一步左右。你在公共场合和任何陌生人相处，这是最佳的距离。双方离得太远没有必要，但是离得太近则会侵犯了别人的空间，会对别人造成妨碍和压抑之感，因而是不礼貌的。

三是礼仪距离。礼仪距离，又叫做尊重的距离。比如，我在讲台上和我们现场的听众之间的距离，就是礼仪距离。这个距离有多么远呢？交往双方间相距一米半到三米之间。

四是有距离的距离。它又叫公共距离。就是交往双方距离三米之外。我们到公众场所去活动，特别是到国外去，通常与陌生人所保持的距离即此种距离。

第二，外出时要注意安全。 外出旅游也好，观光也好，游览也好，游玩也好，勿忘行车走马三分险。生命是宝贵的，生命只有一次，对自己而言对别人而言，都要注意安全。

第三，要讲究公德。 到公共场所去活动，公德意识非常重要。我在这里特别强调，逢年过节时外出游玩，务必要注意以下三点问题，不然就会影响国家形象，影响民族形象。

其一，不要随地抛洒废弃物品和吐痰。 我们从小就被教育，不能随地吐痰，不能随地乱扔物品，但是这个问题依然没有引起个别人的重视。此点人人不可忽略。

其二，不要制造噪音。 有教养的人都明白一个道理，有理不在声高。我们有些同志粗声大嗓惯了，不管到哪儿去都敢大呼小叫，还有的同志喜欢在公共场所拨打移动电话或接听移动电话。观看演出，观光游览，逛街购物，在公众场合出现时，若手机铃声乱响，或当众接听手机，不仅会影响别人，而且还会影响个人形象。这是非常不好的习惯。

其三，不要围观别人。围观他人的陋习，目前正在逐渐改观。过去有人少见多怪，你蹲在那儿系鞋带，也有人围在边上看。他如果是在境外恐怕会有麻烦，因为很多国家对隐私权是高度讲究的。

总之，一个有教养的人一定要讲公德。不能随地抛洒，不能制造噪音，不能围观别人，否则的话那是非常不好的事情。

逢年过节，令人开心。逢年过节，让我们总结过去，展望未来。逢年过节，我们应该是精神爽，喜洋洋。在这个美好的时刻，我们要把爱心与别人分享，我们要把善意传递给别人，我们要使自己的生活充满阳光。祝大家节庆快乐啊！

尊重上级是一种天职，尊重同事是一种本分，尊重下级是一种美德。

尊重客人是一种常识，尊重对手是一种风度，尊重所有人则是一种教养。

我们必须强调：运用礼仪、学习礼仪时最最重要的就是尊重！

——金正昆

后记

自 20 世纪 80 年代末以来，我便开始致力于现代礼仪的研究与教学工作。在此过程中，我曾先后出版过十几部有关礼仪的专著与教材。现在呈送给广大读者朋友们的这部作品，是与我的其他礼仪著作、教材颇有不同之处的一部著作。

近年来，我曾多次应邀在媒体上进行过有关现代礼仪普及与推广的讲座、报告。诸如，中央人民广播电台的"涉外礼仪系列讲座"，山东教育电视台的"商务礼仪"，中央电视台的"金正昆谈现代礼仪"，中国教育电视台的"社交礼仪"、"政务礼仪"、"服务礼仪"、"国际礼仪"等等。在此期间，我还近百次地为全国各地的广大市民、公务员、公司职员以及大学生进行过专题礼仪讲座，为沈阳世界园艺博览会、北京奥运会、上海世界博览会进行过专场礼仪报告。

客观地讲，我的这些抛砖之举，引起了许多人的关注。我的相关的讲座、报告，被许多人录音、录像，还有人私下在网上将其进行推销。

有些我的有关礼仪的讲座、报告的记录稿，也在一定范围内进行过传播。

有朋友建议：与其如此，甚至以讹传讹，不如由我自己出来统一一下。

我问朋友："讲座或报告的文字记录稿正式印出来不俗吗？会有人看吗？"

答曰："谈话体著作古已有之。俗则俗矣，但因其平易近人，易于阅读，亦受百姓欢迎，依旧可以载道，何乐而不为？"于是听之任之，以谈话体的形式结集出版。

不必讳言的是，谈话体著作虽有其长，亦有其短。加之本书由我数次礼仪讲座、报告的现场实况录音整理与润色而成，故此难免逻辑上不够缜密，语言上不够典雅，案例上小有重复，口语化倾向过于浓重……凡此种种，令本书的漏洞与不足随处可见，敬请广大读者批评指正。

作　者

图书在版编目（CIP）数据

职场礼仪 / 金正昆著 .—北京：北京联合出版公司，2013.2（2025.2 重印）
（礼仪金说）
ISBN 978-7-5502-1385-2

I.①职… II.①金… III.①人间交往—礼仪 IV.① C912.1

中国版本图书馆 CIP 数据核字 (2013) 第 030823 号

职场礼仪

作 者：金正昆
出 品 人：赵红仕
责任编辑：崔保华
封面设计：先锋设计

北京联合出版公司出版
（北京市西城区德外大街83号楼9层 100088）
北京新华先锋出版科技有限公司发行
三河市中晟雅豪印务有限公司印刷 新华书店经销
字数185千字 787毫米×1092毫米 1/16 18印张
2013年6月第1版 2025年2月第12次印刷
ISBN 978-7-5502-1385-2
定价：59.00元